농부와 수녀의
유별난 한글사랑

농부와 수녀의

유별난 한글 사랑

권순채 지음

만인사

| 머리말 |

감사하고 고맙습니다

추석을 사흘 앞둔 9월 12일 저녁 7시 44분 천년 고도 경주에 지진이 음습하였다. 진앙지는 경주 남남서쪽 9키로 지점으로 내가 태어난 자란 둥굴마을에서 얼마 떨어지지 않은 저수지였다. 가뜩이나 북한의 핵실험과 미사일 도발이 극에 달해 있는 상황에서 연이어 터진 강진에 400 여 차례의 여진으로 세상 인심이 흉흉하기만 하다. 한옥이 많은 경주 지역은 지진의 직격탄을 맞았다. 집에 금이 가고 전통 한옥 용마루와 골기와가 힘없이 무너져 내렸다. 사람들의 마음이 흔들리는 지축보다 더 무섭다.

이런 흉흉한 시기에 책을 낸다는 것이 새삼 사치스럽게 느껴져 우려가 된다. 그러나 이 책은 순전히 박진형 시인의 배려 때문에 출간된다. 본래 기획은 30년 넘게 우리 가족을 혈육 이상으로 염려하고 기도하면서 보내주신 정의순 수녀님의 편지글만 모으기로 하였다. 그러나 어쩔 수 없는 사정이 생겨 본래 의도와는 달리 그간 발표했던 시와 산문들을 같은 자리에 앉힌다.

책이름도 『농부와 수녀의 유별난 한글사랑』으로 정했다. 1부 신농가월령가, 2부 토박이말을 찾아서, 3부 발로 뛰는 향토사 연구, 4부 열두 달로 본 세시농사법, 5부는 변함없는 한글친구가 되어 주시길 기도합니다로 꾸몄다. 1부는 시로, 2부는 토박이 말로, 3부는 문화재에 대한 생각으로, 4부는 농업기술회보에

1998년~1999년 2년간 연재한 세시풍속을, 그리고 5부는 정의순 수녀님이 내게 보낸 편지모음집이다.

어려운 여건 가운데서도 꼼꼼하게 책을 엮어준 친구 박진형 시인과 만인사 편집식구에게도 고마움을 전한다.

또한 늘 우리 가족을 위해 간절하게 기도해주신 수녀님께서 건강하게 천수를 누리시길 기원드립니다. 일생동안 정신적인 지주이신 정의순 수녀님, 감사하고 고맙습니다.

2016. 10.
둥굴 권순채 적다

차례

| 머리말 |

1부 신농가월령가

차례

2부 토박이 말을 찾아서

3부 발로 뛰는 향토사 연구

1부

신농가월령가

세종대왕

세종대왕이시여
학술을 진흥시키고
과학의 발명으로
암흑의 세계에서 허덕이는
백성을 구하시고
나라를 빛내시어
우리의 자랑 한글 만드시다.

세차게 불어오는 한문자 바람을 헤치시고
메마른 대지 위에 겨레 문화의 빛을 내시고
앙상한 가지에 새싹을 돋게 하시고
아름다운 꽃을 피게 하시니
푸른 창공에 새들이 평화롭게 노래하듯
한글을 만들어
백성을 사랑하시고
언어의 평화가 오게 하셨으니
자랑하며 사랑으로 영원히 빛내리.

(《세종문화》 23호, 1979. 8.)

한글 지키면 세계 문자된다

아름답고 쓰기 좋은 한글 놔두고
영어 공교육
영어 몰입 교육 외치다가
우리의 자존심
국보 1호 숭례문이 불타고

미국식 영어 교육 좋아하고
미국산 쇠고기 수입하다가
우리 민족의 자존심 살리려고
촛불 시위 일어나고

우리 민족은 무엇이든지
하면 된다는 정신이 있고
힘이 있다.

올림픽도, 월드컵 축구도, 야구도
무엇이든지 하면 되듯이
한글도 지키고 빛내면
세계 문자가 된다.

(《한글새소식》 437호, 2009. 1.)

흙이 함께 있기에

농사꾼이라 천대 받으며
농사지어 무엇 하느냐고
후회하는 우리네 농부들
논밭 갈아 거름주고 씨뿌려
싹트고 꽃피면 열매맺고
결실되어 거두는 기쁨
행복중에 이 행복이 어디 있으랴.

누가 우리를 어리석다 했나
흙을 부드럽게
흙을 거짓없게 만들어
살아가고 있으니
흙만은 우리를 우러러 볼 것이다.

우리가 죽으면 흙이 죽고
흙이 죽으면 우리가 죽듯이
흙과 우리는 함께 살아간다.

(〈국제신문〉, 1995. 1. 13.)

1월

앙상한 나무가지에 걸려있는 햇살
차가웁지만 새해를 알려 새봄을 재촉한다.
꽁꽁 얼어붙은 얼음장 밑에도
물은 흘러 싹이 돋는다.
세차게 휘몰아치는
나무둥치에도 눈이 있어
봄날에 싹이 돋아 움추림을 없앤다.

푸른 나무 앙상한 나무 어우러진 산
정다웁게 노래하는 새들이 모여 사는 곳
산짐승들이 힘차게 뛰노는 가운데
겨울은 겨울대로 얼어붙은 대지에
푹신하게 덮어주는 나뭇잎
따뜻한 인정을 준다.

좁고 좁은 산골마을
솔숲, 대숲에 뒤덮힌 채
산짐승, 새소리에 해가 저무는 한적한 마을
저녁 놀빛 따라 초가지붕 작은 굴뚝에서
뭉개뭉개 치솟는 연기는 하늘을 뒤덮는
고요한 적막 속에 눈이 내려도

파아란 보리가 있고
앙상한 나뭇가지에도 눈은 붙어 있고
꽁꽁 얼어붙은 얼음장 밑에도
물은 흘러 고기가 노닐고
새싹 돋는 풀이 있다.

한 해가 가면
한 해가 오고
일하는 보람 속에 행복은 있다.

(《농업기술회보》 426호, 1999. 1.)

2월

봄이 오는 길목에
하늘을 맴돌다
떠나가는 철새들
깡마른 나뭇가지에
잎을 피우기 위해
안간힘을 쏟는 나무
봄을 기다리고 기다린다.
초가지붕 사라진
기와지붕 아래에도
새싹은 돋아
봄 햇살이 따사롭다.

두엄 진 농부의 몸에
땀이 베어들면
들판에서 눈, 얼음 녹아
땅이 풀리면
일하는 보람에 봄이 오고
겨울 잠자는 개구리 놀라 깨어난다.

점치듯 놀고
한 해의 무사안일을 빌던 놀이

사라져 감이 아쉽고 아쉽다.
희망을 갖고 일하면
봄처럼 훈훈함이 있다.

달래의 된장찌개
냉이의 봄내음에
훈훈한 봄바람처럼
농촌에 꽃피는 마음
언제나 아름답다.

(《농업기술회보》 427호, 1999. 2.)

3월

훈훈한 봄바람에
머리카락 날리며
나물캐는 소녀의 바구니 속에 봄이 가득

양지바른 언덕바지
움트는 새싹소리
잠깨는 개구리 울음소리에
봄은 깊어가고
들판에 일하는 농부의 하루는 즐겁다.

오랜 전통 이어온
민속놀이에
한 해의 농사를 기원하고
찬란히 메꾸어 가면서
섬세함에
오랜 세월 만치나
우아함에
봄햇살이 유난히 빛난다.

삼일정신의 독립정신
동학혁명의 농민정신

새마을운동 가난타파
이천년대는 농촌부강
일깨우며는 나라부강
함께 일하면 경제발전
함께 뭉치면 남북통일
일어나라 일어나라
다 함께 일어나라
농촌경제 이룩하여
경제부흥 민족통일
정신문화 이룩하자.

(《농업기술회보》 428호, 1999. 3.)

4월

개나리 진달래 피어나면
살구꽃 목련꽃이 손짓하고
배꽃 복숭아꽃이 노래하듯 부르면
파아란 보리 피어나고
종달새 노래소리에
들녘에 일하는 농부의 하루는 즐겁다.

물 가둔 논의 개구리 울음소리에
새들의 노래소리는 정답고
일하는 농부는 흥겨웁다.

맑은 시냇물에
곱고 고운 꽃잎 떨어지면
헤집고 다니는 물고기는 신이 난다.
겨울잠에서 깨어난
부드러운 흙
뒤집어 가꾸어 주면
한 해의 농사는 풍년이 들고
농삿꾼은 즐거웁다.

피어나는 꽃잎에

입맞추는 소녀의 모습에도
맑고 밝은 웃음꽃이 피고
자라나는 곡식들은 언제나
우리의 마음과 손길을 따라 영글어 간다.

봄은 언제나 화사함에
희망과 용기를 주며 훈훈함에 아름답다.

(《농업기술회보》 429호, 1999. 4.)

5월

보드랍고 연한
나뭇잎의 반짝임에
연두빛 참나무 잎사귀는
유난히 빛난다.

어린 아이의
해맑은 웃음 만지나
밝고 맑은 파아란 하늘
꾀꼬리 노래소리에
아카시아 꽃향기 짙으면
모내기 한창이고
모내기 소리 사라진 들녘에
기계소리 요란하다.

어린애의
아무 꾸밈없는 마음에서
파아란 청춘의 꿈이 이루어 지듯
아득한 마음을 갖고 모내기 하면 금빛으로
영글어 가는 여유를 갖는다.

싱그런 풀냄새에

보릿고개 잊은지
엊그제지만 경제 위기속에
한 톨, 한 알의 곡식에서
싹이 돋아 가꾸는 마음에서
거두는 기쁨이 있다.

한없이 높이 솟을 듯 자라지만
하늘 끝까지 자라지 못하는 나무가 있듯이
끝없이 높이 나르고 싶지만
높이 나르지 못하는 새가 있듯이
아무리 꿈이 좋아도 이루지 못하는 사람이 있듯이
큰 꿈을 버리고
작은 꿈을 갖고
가꾸며는 하늘거림에
꿋꿋함이 있고 파아란 곡식이
영글어 간다.

(〈농업기술회보〉 430호, 1999. 5.)

6월

파란 하늘에
높다랗게
나르는 새는
언제나 평화롭기만 하다.

들판에 일하는 농부의 모습
꾸밈없는 그 순박함에
심고 가꾸는 정성 만치나
아름다움이 있다.

파아란 하늘
푸른 들판
끝없이 나르는 새들
모두가 하나되어
이루는 것은
가꾸는 정성
거두는 기쁨
모두가 한 뜻으로
한 울타리를 이룬다.

굽은 논두렁 벗 삼아 소 부리는 소리

아장아장 걷는 어린 아이의 발걸음
흥겨운 모내기 소리는
온 들판에 울려퍼지고
해질녘 저녁놀 빛은
어느 그림보다 고운 농촌
지금은 옛이야기처럼 그립기만 하다.

(《농업기술회보》 443호, 2000. 6.)

7월

흰구름 흘러가다
뭉개구름 넘어오면
뒤따라 먹구름되어
천둥 번개에
갑자기 쏟아지는 소나기

꽃들의 청초함에
맑은 물소리는
새소리에 어울리고
높푸른 버드나무 위에서
힘차게 울어대는 매미소리에
여름은 깊어가고
일에 지친 사람들은
시원스런 정자나무 아래 낮잠을 잔다.

뙤약볕에 풀을 뜯는 소들
마당가에 한가로이 거니는 닭
저녁 무렵 곱게 피는 박꽃
모깃불에 밤은 깊어가고
반딧불은 반짝반짝
흥겨운 논매기소리는 어데가고

기계소리 요란함에
푸른 벼들이 잘도 자란다.

(〈농업기술회보〉 445호, 2000. 8.)

8월

봉숭아 꽃잎에
누나의 손톱이 붉어지면

무궁화 꽃송이에
광복의 기쁨이 오고

해바라기 해돋음에
여름 가면 가을이 오고

벼이삭 피어나면
무더위가 가고
새들의 노래소리가 줄어들면
풀벌레 소리 요란하다.

흰구름 흘러가다 말고
먹구름되어
한 줄기 소나기 뿌리다 그치면
한 쌍의 무지개가
옹당못에 펼쳐지는 사이로
소떼가 지나간다.

(《농업기술회보》 421호, 1999. 8.)

9월

파아란 도화지에
쭉 뻗은 코스모스의 하늘거림처럼
고추잠자리가 이리저리 그림을 그리고 다닌다.
못났다고 푸대접 받지만
향내를 풍기는 호박의 소박함은 토담 위 장닭 같고
둥근 박의 소담함과 박 속은 보름달 같은
여인의 모습과 같이 이 농촌을 지켜왔네.

밀려드는 외래종에
각박해져 가는 인심
소박한 토종 같은
농촌 인심 풍요로움을 간직하네.

양반 대접 받으며 반들반들 빛을 내는 대추보다
거칠은 밤송이 속 알밤이 더욱 좋아함에
빨간 석류가 살며시 웃음짓는 가운데 벼는 익어갈수록
고개 숙여 가을이 깊어가고 더욱 뽐내는 맨드라미
붉은 빛에 풀벌레 소리 요란하다.

못다 핀 꽃들이
단풍처럼 물들이면

곡식들이 영글 때면
일렁이는 들판에서
펄럭이는 허수아비
옷자락에 묻어나온
풍요로운 가을에는
아름다운 단풍잎에
높고 높은 하늘만큼
곱고 고운 마음일세.

(《농업기술회보》 422호, 1998. 9.)

12월

푸르름에
꺾이지 않는
소나무의 기상처럼
변치 않는 농촌인심
태풍과 물난리에
변하고 변해가네.

들판의 푸른 보리밭 바라보면
어딘가 희망이 있고
대나무의 곧은 절개에
옛 선비의 정신이 되살아 난다.

한 해가 가면 또 한 해가 오듯
어려움 이기면 또 기쁨의 날이 오고
아무리 추운 겨울이라도
따뜻한 날이 있고
꽁꽁 얼어붙은 대지에도
아름답게 피는 꽃은 있다.

가는 세월 아쉬움에
오는 세기 반가웁고

세차게 부는 찬바람에도
훈훈한 인정의 넘침이 있듯이
어려움 이겨내면
먼 훗날 행복의 날이 올 것이다.

묻어버린 들판에
옥토 같은 정을 찾아
이 시대의 어려움을 이겨내어
아름다움을 창조하는 참다운 농민이 되자.

(〈농업기술회보〉 425호, 1998. 12.)

2부

토박이 말을 찾아서

토박이 정다운 말

우리 마을에서는 행정 단위인 이, 동, 반의 '반'이란 말 대신에 '각단'이란 말을 쓰고 있다. 즉, 1반을 술구름각단, 2반을 지당각단, 3반을 중각단, 4반을 소란각단, 5, 6반을 아랫각단 등과 같이 본디의 마을 이름 밑에 각단을 붙여서 쓰고 있다.

1반, 2반하고 쓰면 매우 딱딱한 감정이 감돌 뿐만 아니라, 들어서 얼른 어느 마을을 말하는지 알아차리기가 어렵지만, 귀에 익은 본디 마을 이름을 쓰게 되면 당장 어느 마을을 말하는지 쉽게 알아들을 수가 있고 또 정든 말이라 말맛이 부드럽고 다정하게 들린다.

토박이말을 쓰면 쉽게 알아들을 수 있어서 구수하고 재미가 나지만 어려운 한자말을 많이 쓰는 연설은 알아들을 수가 없어서 짜증부터 난다. 토박이말 마을 이름을 찾아서 쓰게 되고, 공문서, 연설, 신문 등에서도 어려운 한자말을 안 쓰게 되면 사회는 훨씬 정답고 평화롭게 될 것이다.

나는 《한글새소식》을 읽을 때마다 모든 신문 잡지가 이와 같이, 농민도 학생도 읽을 수 있도록 쉽게 써주었으면 하는 생각을 하게 된다.

(〈한글새소식〉 72호, 1978. 8.)

외솔 선생의 뜻 널리 펼치자

외솔 최현배 선생이 태어나신 집터가 지난 12월 7일 울산광역시의 지방문화재로 지정받게 되었다니, 때 늦은 감은 있지만 다행이라고 생각한다. 문학가, 미술가, 음악가 등 예술가들의 생가를 비롯하여, 그 분들이 잠시 머물다 간 자리는 물론 옛 소설에 나오는 주인공의 주무대와 현대소설의 주무대가 된 곳까지 관광상품화하려고 하는 지방자치단체가 얼마나 많은지 모른다. 그러나 우리말과 글을 위하여 한평생을 바친 국어학자가 태어난 곳과 그 분들이 머물다 간 자리가 문화재로 지정되거나 기념 표석이라도 세워진 곳이 얼마나 될까?

우리 말글 발전을 위해 애쓰신 분들을 우러러보아 받들고, 그 분들의 발자취를 더듬고 흔적을 찾고 보살펴 주는 것이 후손인 우리들이 할 일 가운데 하나일 것이다. 그럼에도 우리의 오늘은 아시안 게임이다 올림픽이다 월드컵 대회다 하면서 국제화를 부르짖으며 우리 말글을 내팽개치고, 초등학생에게까지 영어를 가르치고 있는 현실에 처해 있다. 주권을 논한다면 엄연히 우리나라는 세계 속에서 강하게 자리매김한 독립국이지만, 언어만은 완전한 독립을 못한 채 남의 나라 언어 속에 빠져 놀아나고 있는 꼴이 아닌가.

거리의 간판도 외국 말글로 된 것은 고급스럽고 세련되지만,

우리 말글로 된 것은 저급하고 촌스럽게 여긴다고 한다. 만일 우리에게 고유한 말과 글이 없었다면 우리는 다른 나라 언어의 식민지 생활을 하고 있을 것이다. 뜻도 잘 알지 못하는 외래어 간판보다는 쉽고 정겨운 우리말 간판이 훨씬 광고 효과도 클 것이 아닌가. 그럼에도 외국 말글 간판은 나날이 늘어 가고 있으니, 이러다가는 우리나라 도시의 거리가 아니라 외국의 어느 도시에 온 것과 같은 느낌으로 살아 가야 할는지 모른다.

얼마 전부터 도시 거리의 간판을 크게 정비하면서, 크기와 색깔만 제한하고 외국 말글에 대해서는 별다른 규제를 하지 않는 것도 문제이다. 외국 말글을 마음대로 사용하고 외래어 간판을 만들어 다는 것이 국제화인가?

우리 말글을 사용해도 얼마든지 국제화로 나아갈 수 있다. 이 기회에 우리는 한글의 문화 유적지를 찾아내어 우리 스스로 문화재로 지정하고, 한글운동가 인명 사전도 만들면 어떨가 하는 제안을 해 본다. 누가 뭐라고 해도 우리에게는 한글이 가장 빛나는 문화 유산이다. 이 한글로 나라의 발전을 이루고 우리 문화의 국제화를 위해 노력해야 할 것이다.

(《한글새소식》 353호, 2002. 1.)

한글은 '나라 글자' 헌법에 못 박자

요즈음 정부, 국회, 언론계, 학계, 법조계, 재계 등 여러 분야에서 헌법 개정에 대해 활발하게 논의를 하고 있다. 국가의 권력 구조와 권한 등에 관해서만 설문 조사를 하고, 공청회 연사를 초청하고 있고, 우리 국민이 가장 많이 쓰고 있는 우리의 말과 나라 글자인 한글에 대해서는 한 사람도 말하는 사람이 없으니 국민의 한 사람으로 통탄하지 않을 수 없다.

지금까지 정부에서 국어순화운동을 벌인 것은 형식적인 말에만 그친 처사가 되고 만 것이다.

우리의 국호가 대한민국임을 헌법에 밝힌 것과 같이 우리의 나라 글자가 한글이라고도 못박아서 온 세계에 밝혀야 한다. 그리고 헌법 개정 공청회에도 한글학자들을 연사로 내 주시면 하는 바람이다.

한 나라의 국어와 글자가 얼마나 중요한가를 우리 겨레는 일제의 우리말 말살 정책의 채찍 아래서 뼈저리게 느끼지 않을 수 없다.

일제강점기 하에서 목숨을 바쳐 우리말과 글을 지키신 한글 선열님들의 숭고하신 마음과 우리말과 글을 쓰지 못하고 그리워만 하며 눈물지웠던 조상들의 설움을 잊어서는 안된다. 해방이 되어 우리의 말과 글을 찾았을 때의 그 기쁨도 잊어서는 안된다.

우리의 말과 글이 그처럼 중요한 줄을 안 이상 헌법 조문에 우리의 국어는 한글로 써야 한다고 밝혀야 할 것이다.

우리는 온 국민이 한글로써 뭉쳐서 그 힘을 온 세계에 자랑하며 힘차게 나아가야 한다.

(《한글새소식》 90호, 1980. 2.)

새 헌법은 한글로 쉽고 바르게

요즈음 헌법 개정 문제를 두고 정부와 국회, 그리고 여야 정치인들 사이에 논의가 많다. 그런데, 권력 구조에만 관심을 두고 의견을 나눌 뿐, 우리 국민들의 생활 수단인 글자에 대해서는 아무런 언급조차 하지 않고 있다. 이래서야 되겠는가? 새 헌법은 우리의 한글로 쉽고 바르게, 국민 모두가 이해하기 쉽도록 만들어 주었으면 하는 바이다.

지금까지의 헌법은 한문 투성이어서 우리 국민 대다수가 이해하기 힘든 부분이 많았다. 새 헌법은 초등학생이나 대학생이나 농민이나 도시인이나 모두가 쉽게 보고 이해할 수 있도록 고쳐져야 할 것이다.

아무리 좋은 헌법이라고 해도 국민들이 쉽게 보지도, 이해할 수도 없다면 진정으로 좋은 헌법이라고 할 수 없을 것이다.

새 헌법 개정 공청회에는 정부 관계자와 국회 여야 정치인들만이 아니라 사회 각계각층의 사람들이 참여해야 할 것이며, 우리의 국어학자들도 참가하게 하여 새 헌법이 쉽고 바르게 표기되도록 하는 것이 바람직할 것이다.

엄연히 우수한 우리글이 있는데도 헌법에 한자를 왜 그리도 많이 사용하는지 정말 국민의 한 사람으로서 통탄하지 않을 수 없다.

온 국민이 쉽게 보고 바르게 이해할 때 우리 한글이 아름다우면 우리 국민은 위대할 것이며, 한글로 쓰인 헌법은 더욱 빛날 것이며 아름다울 것이다.

(〈한글새소식〉 170호, 1986. 10.)

문교부 장관님께

매일 업무에 얼마나 노고가 많으십니까?

다름이 아니옵고, 일부 사람들이 초등학교에서부터 한자 교육을 시켜야 된다고들 하고 있는 줄 아는데, 어찌해서 우리의 국어가 아닌 그 어려운 한자 한문어를 어린 학생에게까지 가르쳐야 한다는 말입니까.

한자 모르고는 살아 갈 수 있어도 우리 말과 글 모르고는 살아 갈 수 없다는 것을 명심해서라도 초등학생에게는 절대로 한자 교육을 시키지 말아 주시기 바랍니다.

일제시대 우리 말과 글을 지키기 위하여 몸과 마음을 바치신 애국 선열님들의 뜻을 받들어서라도 어린 학생에게까지는 한자 교육을 시키지 말아 주시기 바랍니다.

요즈음 각 성씨의 문중에서는, 어려운 한자로 된 조상님의 문집(유집)등이 한자로 되어서 젊은이들이 잘 읽을 수 없고, 조상의 내력을 모른다는 데서 우리글로 번역하여서 젊은이들이 잘 보고 이해할 수 있도록 하는 일뿐 아니라, 한자로 된 족보도 잘 읽을 수 없다는 데서 한글로 토를 달아 가면서까지 하고 있는 데도 불구하고, 일부에서 초등학생에게까지 한자 교육을 시켜야 된다니 국민의 한 사람으로서 통탄하는 바입니다.

초등학교에서부터 한자 교육을 시킨다면 너무나 과학적이고,

아름다운 우리의 한글은 퇴보할 것이며 한문자의 지배를 받을 것이니만큼, 절대로 초등학생에게 한자 교육을 시키지 마시고, 우리의 한글이 이제 한자. 한문을 지배할 시대가 온 만큼 우리의 한글을 아끼고 보살피며 숭상하여 세계의 글자로 이끌도록 온 국민이 힘을 합쳐 나아가도록 합시다.

우리의 말과 글을 놔 두고 남의 말과 글을 빌리는 어리석은 국민이 되지 말도록 하여 주시기를 바라면서 이만 그치겠습니다.

안녕히 계십시오.

(〈한글새소식〉 177호, 1987. 5.)

알기 쉬운 우리말 족보

우리는 일반적으로 '족보'하면 겨레붙이의 세계를 적은 책을 말하는데, 여기에는 태어난 날과 죽은 날, 무덤의 위치와 좌향, 부인의 본관과 성, 장인의 이름, 외손 등을 적고 벼슬이 있으면 벼슬을 적기도 한다.

지금까지의 족보를 보면, 아들은 한자로 '子'를 쓰고 사위는 '女'를 썼는데, 이번에 펴낸 『경주 김씨 세보』를 보면 '子' 대신 '아들'이라 쓰고, '女'로 표기하던 것을 '사위'라고 고쳐 썼다. 또한, 부인은 '누구의 몇째 딸 누구'라 쓰고, 외손은 '외손'이라 쓴 뒤에 이름을 적고, 묘의 위치는 '무슨 동 무슨 산 무슨 골'이라고 그 마을에서 부르는 땅이름 그대로 적은 것이었다.

족보는 남녀 노소, 잘살거나 못살거나 많이 배웠거나 적게 배웠거나, 우리 말과 글을 터득한 사람이라면 어느 누구든지 쉽게 보고 찾을 수 있는 것이라야지, 한자 교육을 받은 사람만이 볼 수 있는 한자 족보는 족보로서의 가치가 없는 것이다.

아무리 문명이 발달하고 사회가 산업화했다 해도 조상 없는 사람은 있을 수 없다. 조상이 있으면 그 내력을 알려고 할 것이고, 그 내력을 알기 위해서는 족보가 필요한 것이다. 그렇기 때문에 족보는 어느 누구든지 쉽게 보고 찾을 수 있는 것이라야 좋은 족보인 것이다.

몇 달 전에 우연히 만난, 여든쯤 돼 보이는 노인께서 하시는 말씀이, 예전에는 족보가 한자로 적혀 있어서 알아보기 어려웠는데, 요즈음의 족보는 우리 글로 적거나 한자로 적더라도 우리 글로 토를 달아주니 초등학교에 다니는 손자도 족보를 보고 쉽게 읽을 수 있게 되었다고 좋아하시는 모습을 본 적이 있다.

요즈음에 젊은이들이 농촌을 떠나고 우리말이 외래어 때문에 곤욕을 치르고 있지만, 나는 일생 동안 농촌에서 농사를 지으며 우리의 토박이말과 땅이름을 찾아 다니고 있다. 누가 무어라 해도 농촌에서 고집스럽게 농사를 짓고 우리말을 찾는 한편, 고운 우리말을 많이 쓰도록 노력할 것이다.

최고는 못 되더라도 최선을 다해 할 수 있는 데까지 정감 어린 우리말을 찾아 쓰고, 연구하고, 널리 펴겠다는 나의 일념은 흔들림이 없을 것이다.

(《한글새소식》 244호, 1992. 12.)

우리말과 글은 우리가 지켜야

우리나라 곳곳에 있는 이름난 절과 서원에 가보면, 현판과 기둥마다 써 놓은 글자가 모두 한자일색이라 한문 공부를 꽤나 했다는 사람이라야 알아볼 정도이다. 절과 서원은 꼭 한문자 공부나 한 사람들만이 드나드는 곳은 아닐 것이다. 모든 사람이 쉽게 읽고 뜻을 알 수 있어야 그 글의 가치와 위력이 있는 것 아닐까?

몇 년 전 우리 마을에 절이 하나 세워졌다. 하루는 이 절에 가보니 서방 정토의 주불인 아미타불을 모신 무량수전의 현판을 한자로 써놓았기에 '이 절도 한문에 젖어 있는 절이구나'하고 생각했었다. 그런데 며칠 전에 가 보았을 때에는 비록 '무량수전'은 한자로 써 놓았지만, 그 절의 기둥마다 써놓은 글자는 모두 한글인 것을 뒤늦게 발견하였다.

그 새겨진 글을 옮겨보면, "저 부처님 세우신 원덕/그 이름 아미타불을 듣고서/극락 원하면 누구나/그 날에 왕림하여/저절로 불퇴전에 이르게 되리."라고 〈무량수경〉에 나오는 글을 한글로 풀어 적어 누구나 쉽게 읽고 그 깊은 뜻을 헤아려 볼 수 있게 하였다. 그래서 일부러 주지 스님을 찾아가 "기둥마다 써놓은 글이 모두 한글이라서 읽기도 쉽고 뜻도 쉬 알 수 있는데, 어찌하여 '무량수전'은 한자로 썼습니까?"하고 물으니, "그것은 그리 써야 하지 않겠습니까?"라고 대답하였다. 그래서 "이왕이면 '무량수전'도 한글이었으면 참 좋았겠습니다."하고 말했더니, 앞으로 그런 방향으로 생각해 보겠다는 뜻을 나타내셨다.

우리가 흔히 생각하기로, '절'하면 으레 한문자를 떠올리는데, 이렇게 한글쓰는 절들이 늘어나는 것을 보니 반갑기 그지없다.

요즈음 우리 사회를 보면, 외국말을 즐겨 쓰고 외국제품과 외국 농산물을 즐겨 찾는 사람들은 지식층이고 잘난 사람이란 대접을 받는 것 같은데, 그만큼 어리석고 바보스런 사람도 없다고 생각한다. 우리나라 사람이라면서 남의 나라 것을 그토록 숭배하니 얼마나 불쌍하고 수치스럽겠는가? 게다가 우리 스스로가 우리 것을 아끼고 보살펴야 하는 데도 불구하고, 이를 장려해야 할 교육 당국에서 오히려 초등학교 때부터 영어와 한자를 가르치겠다고 하니 참으로 답답한 일이 아닐 수 없다. 우리 글도 아직 온전히 배우지 못한 어린 초등학생에까지 영어와 한자 교육을 시켜서 모두 '국제인'을 만들면, 진짜 '한국인'은 앞으로 어디에서 찾아볼 수 있을 것인가?

그뿐만 아니라 일부 언론 기관에서는 '요즘 웬만한 외국어는 한두 마디씩 할 줄 아는 것이 국제화로 나아가는 길'이라고 부추기고 있으니 이 어찌된 일인가? 외국인이 우리 땅에서 우리 말을 못하면 생활할 수 없는 것은 당연한 일인데, 거꾸로 우리가 그 외국인의 말을 하지 못하면 생활할 수 없는 것처럼 떠들어대고 있으니 우리말과 글의 장래는 어찌 되겠는가?

우리말과 글은 우리 자신이 지켜야 한다. 우리 말과 글을 가지고 세계에 으뜸 가는 국력을 키워야 한다. 정부 당국에서는 하루빨리 초등학교에서 정규교과로 영어와 한자를 가르치겠다는 생각을 버리고, 해외로 수출되는 우리 상품에도 한글을 의무적으로 쓰도록 하는 제도적 장치를 마련해 주기 바란다. 우리 조상들이 남겨 준 고귀한 유산을 잘 가꾸고 더욱 빛내는 일이야말로 오늘을 사는 우리의 가장 큰 의무이다.

(《한글새소식》 265호, 1994. 9.)

고향말씨 자랑대회

말은 우리 삶의 뿌리이듯이 지방마다 제각기 다른 말의 특징을 지니고 있다. 우리나라의 사투리를 말한다고 하면 팔도와 제주도의 말을 떠올리며 최근에는 남과 북의 말이 다르지만 한 지방을 두고도 동과 서, 남과 북의 말이 다르고 마을과 마을마다 조금씩 다르다는 것을 알 것이다. 그런데 이러한 말의 특징과 각 지역마다 조금씩 다른 고향의 말씨를 자랑하기 위해 경상북도에서는 세 번째로 「고향말씨 자랑대회」를 열게 되었다.

지난 9월 13일(화) 경주부녀복지회관에서는 제3회 경상북도 고향말씨 자랑대회 동부지역 예선대회가 열렸다.

동부지역이라면 경주시, 군, 포항시, 영일군, 영천시, 군, 울진군, 영덕군, 울릉군 등인데, 이 지역도 제각기 다른 말의 뿌리가 있을 것인데도 불구하고 우리 주위에서 듣지 못한 것이 매우 아쉽다면 아쉽다 하겠다. 그리고 9개 시, 군에 참가인원이라야 7명뿐인데 그것도 경주군이 3명으로 제일 많아 고향말씨에 대한 호응도가 높았다. 또한, 우리 말에 대한 애착심이 강했다고 하겠다. 그리고 영천시, 군이 각 1명, 포항시가 1명, 영덕군이 1명인데 반해 주최측인 경주시는 1명도 출전시키지 않은 것은 어딘가 잘못이 있다.

우리말의 뿌리이고 우리 문화의 기틀을 마련하고 민족문화를 꽃피우며 일천년의 도읍지였던 경주시에서 한 사람도 출전하지 않았다는 것은 이 대회의 의미를 다시 한 번 생각게 했다.

우리가 지금 쓰고 있는 말과 글 이전에는 무슨 말과 글을 썼겠는가 생각해 보자. 우리는 무엇보다도 신라 때 설총이 만들었다는 이두를 연상할 것이다. 민족문화의 뿌리를 찾으려면 우리말과 글의 뿌리를 찾아야 한다. 경주는 신라시대 뿐만 아니라 그 이전에도 독특한 글자의 문화를 이룩하였다. 다름아닌 금장대의 암각화인 것이다.

우리는 그냥 바위그림으로만 알고 있지만 그 당시 원시인들은 그것이 그림 아닌 그림으로 글씨를 표현했는지도 모른다. 우리는 그것으로 우리 말과 글의 뿌리를 찾아도 좋을 것이다. 이렇게 경주지방은 예나 지금이나 문화인류학적으로 볼 때 중요한 위치를 차지하고 있다.

경주지방에서는 우리 문화의 무엇이든지 찾겠다면 다 찾을 만큼 묻혀있는 문화재가 많다. 그리고 영일군과 울진, 울릉군에서는 한 사람도 출전하지 않은 것이 못내 아쉽다.

울진군은 30년 전에 강원도서 경북으로 편입된 지역이라 영동지방의 독특한 말씨를 듣지 못하게 되었으며 울릉도는 동해의 고도로서 육지와 떨어져 있어 그 지역의 독특한 문화와 말이 있을 것인데 들어보지 못한 점이 아쉬웠다. 기대한 만큼의 성과를 올리지 못한 것이 이번 대회의 단점이었다. 점점 사라져가는 사투리는 숱한 애환과 삶을 간직한 채 표준말의 그늘 속에 가려져 가고 있다.

오늘날은 모두 서울말이 중심이 되는 표준말을 배우고 있을 뿐아니라 이것이 신문, 잡지, 방송 등 언론매체와 교통의 편리함에 급속도로 번져가고 있다. 사투리는 빠르게 사라져가고 있다. 사투리라고 해서 무조건 사용하지 말라는 것은 잘못된 것이다. 사투리야 말로 각 지역의 독특한 삶과 문화를 간직하고 있다.

아무리 사투리를 쓰려고 해도 보고 들은 것이 표준말이라 무심코 한두 마디씩은 사투리가 나올지 몰라도 완전한 사투리가 나오지 않고 또 사투리도 표준말도 아닌 외래어가 자꾸 튀어 나오는데 이것도 우리가 고쳐야 할 것 중의 하나인 것이다.

우리 말을 쓰지 않고 외래어를 사용한다는 것은 아주 잘못된 것이다.

우리 말과 글의 참다운 의미와 각 지방의 독특한 언어문화를 찾고자 마련한 대회인 만큼 더 이상 사투리가 사라지기 전에 보전해보자는데 의미가 있을 것인 만큼 사투리도 즐겨 쓰되 표준말 교육도 잘 받아주시기를 바란다. 우리의 말과 글은 우리가 지키고 살펴야 한다. 외래어가 판치는 이 시점에서 우리는 말과 글을 잘 지키고 보살펴 세계에 으뜸 가는 말과 글을 만들어야 한다고 생각한다.

(〈새벌신문〉 1994. 10. 5.)

한글날 국경일 제정과 우리의 상징

한글날이 국경일로 제정된 것은 당연한 일이다. 우리 민족은 세계에 그 유례가 없는 글자 만든 날을 아는 것을 자부심을 가지는 것일 뿐 아니라, 문화민족의 자존심을 가지는 계기가 된 것이다. 한글은 정치인들의 당리당략뿐 아니라 정권이 바뀔 때마다 이리저리 마음대로 한 것을 알 수 있다. 그런데 이번에 국경일로 제정된 이상 더 희생은 되지 말아야 한다.

세계에서 가장 과학적이고 배우기 쉽고, 읽기 쉬우며, 쓰기 쉬우므로 조금만 신경 쓰면 우리 한글은 모두가 터득하는 것이다. 그래서 유네스코에서는 훈민정음을 세계기록문화유산으로 지정하였으며, 세종대왕상도 제정하였다.

그동안 우리나라는 공휴일이 많다고 하여 한글날을 공휴일에서 제외하고, 초등학생에게까지 영어를 가르치고, 거리에는 외래어 간판이 판을 치고, 외래어를 잘 하는 사람을 지식인으로 여겼으니 말이다.

옛날이나 오늘날이나 국가 통치권자들은 자기네에게 유리하면 한글 정책을 옹호하고, 불리하면 배척하는 것을 보아 왔다.

조선조 때도 연산군이 한글이 자기에게 불리하다고 한글을 배척하였고, 그 후에도 사대주의 사상에 젖어 중국을 의식하다 보니 우리글을 멀리한 것이 사실이다. 그리고 일제 시대도 일본이

패망 직전에 한글 말살 정책을 쓴 것만 보아도 알 수 있다.

지금까지 우리나라의 국경일을 보면, 8·15 광복 후에 생긴 것인만큼 우리 고유의 국경일은 뭐니뭐니해도 이번에 제정된 한글날이 아닌가 싶다. 그만큼 한글날이 우리에게 주는 의미가 크다고 할 수 있다.

그리고 십수년간 한글날 국경일 제정으로 투쟁을 벌여 와서 우리의 목표를 달성한 만큼 한글날을 뜻있고 보람있게 행해야 한다고 본다.

이제 남은 것은 훈민정음 국보 1호 지정과 국어는 한글이라고 헌법 조항에 넣는 일이 남은 것이다. 이것을 성사시키기 위하여 끝없이 투쟁하여야 한다고 본다. 훈민정음 국보 1호 지정도 어렵지 않은 것이다. 국보를 모두 재지정하는 일인데, 그것은 다름 아닌 종류별로 나누면 되는 것이다. 예를 들어, 종이책 무리는 훈민정음, 석물류는 석굴암 등 여러 가지로 분류하면 얼마든지 가능한 일이다. 국보뿐 아니라 보물을 비롯하여 사적이나 천연기념물 등도 마찬가지다. 그리고 헌법을 보면 개정 당시 권력자들 마음대로 뜯어 고치고 했으니 정치 권력 분야만 강조하지 문화, 예술, 특히 우리 국민이 가장 많이 쓰는 말, 즉 우리 국어에 대해서는 언급조차 없는 것이 사실이다. 그러므로 다음 헌법 개정 때는 우리의 국어는 한글이라고 명기하도록 모두 노력해야 한다.

우리의 국어는 분명 한글인데도 불구하고 요즈음 정부에서는 초등학생에게까지 영어를 가르치게 하고 있으니, 이것은 너무한 것이 아닌가 말이다. 제 나라 말과 글도 채 익히지 못하는데 외래어를 가르치고 있으니 이러다 한글날이 국경일이 되어도 별 의미를 찾지 못하는 안타까움을 안겨 주어서는 안 된다고 본다.

우리의 상징인 국기 태극기와 국화 무궁화, 국가로 여기고 있는 애국가, 그리고 국호인 대한민국, 국어인 한글, 이 모두가 우리나라를 상징할 뿐만 아니라 우리를 대표하는 것임에는 틀림없다. 그러므로 이 모든 것을 헌법 조항에 넣고 '국가 상징법'을 만들어서라도 우리가 보존하고 지켜야 한다고 본다.

우리의 지정문화재를 보면, 국기인 태극기와 관련된 것은 아직 지정된 것이 없고, 무궁화도 아직 천연기념물로 지정된 것을 보지 못했으며, 애국가도 안익태가 작곡했으면 초고의 악보라도 구해 지정해야 되는데도 그보다 훨씬 후대의 것을 지정하면서 그것은 지정하지 않고 있으니 더욱 안타까운 실정이다. 그리고 무궁화도 그 나무가 천연기념물로 지정할 것이 없으면 찾든가, 아니면 그 자생지라도 찾아서 지정해야 된다고 본다. 그나마 훈민정음은 국보로 지정되었지만 얼마나 뒤에 번호를 부여하여 문자 있는 문화 민족의 자존심을 구기고 있는데, 언젠가는 국보 1호 자리를 찾고 헌법에다 우리 국어인 한글을 넣어서 세계에 으뜸가는 문화민족의 긍지를 심도록 해야 한다.

(〈나라사랑〉 111호, 2006. 3.)ㅋ

3부

발로 뛰는 향토사 연구

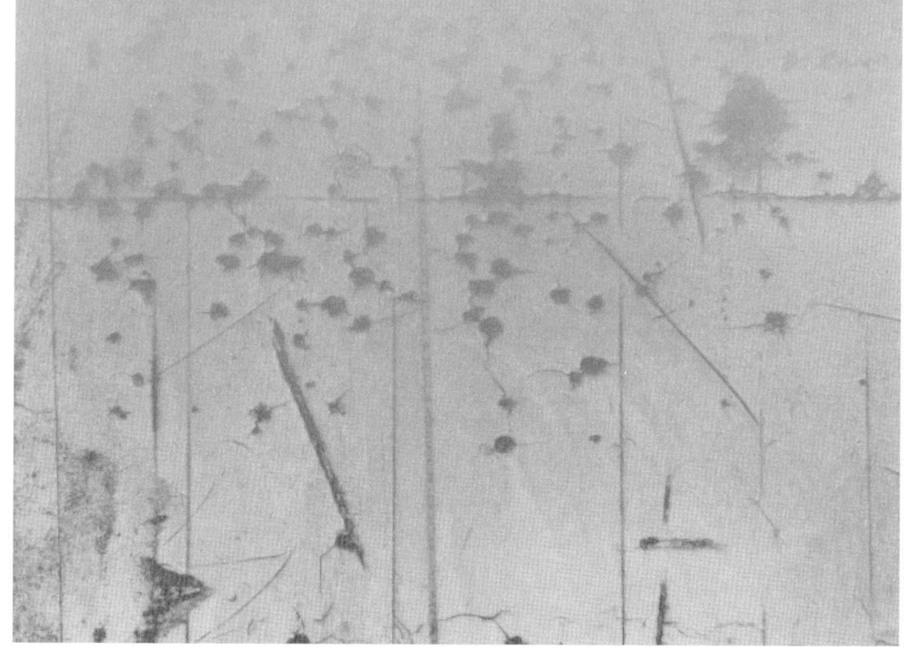

노거목을 보호하자

전국 어느 마을에 가거나 마을의 어귀에는 정자나무와 당나무 등의 고목들이 있는 것을 볼 수 있다.

마을 사람들은 언제부터인지 해마다 토지신, 산신 등과 함께 노거목을 마을의 수호신처럼 여기게 되었다. 노거목이 만들어주는 그늘은 한여름 땀 흘린 농부들이 잠깐 쉬기에 알맞은 곳이기도 하며 동네 어른, 아이들의 모임터이다. 그리고 마을 어귀에는 유난히도 맑고 깨끗하며 향내가 넘쳐 흐르는 샘물도 있다. 한길 깊이도 채 되지 않는 샘, 그 속에서 흐르는 물은 가물어도 물이 줄거나 마르지 않고 오랜 장마에도 흐려지지 않으며 사시사철 변함없는 맛을 지녔다. 더구나 그 옆에 자연석으로 동그랗게 돌단을 쌓고 용트림을 하는 한 그루 향나무는 언제나 변함없는 향내를 물에 더해주며 더 할 수 없는 경치를 우리에게 보여준다.

동구 밖 마을의 수호신으로 모셔지던 느티나무와 집 앞의 은행나무, 그리고 오동나무와 우물가의 향나무 등이 어우러진 아름다운 우리의 마을을 볼 때 자연을 이용하고 가꾸며 생활할 줄 알았던 조상님들의 슬기와 정신에 감탄하고 이를 이어받아 보호할 줄 알아야 하겠다는 생각해 본다. 미신이다, 새마을 사업이다 하여 노거목을 무조건 없앨 것이 아니라 다시 한 번 조상님들의 뜻과 정신을 생각하며 현재의 상황과 잘 조화시켜 후손에게 물려줄 수 있도록 노력해야 할 것이다. 오랜 세월을 자라온 고목들이 당장 눈앞의 이익에만 치우친 일부 몰지각한 사람들에 의해 베어지고, 관리의 소홀이나 부주의로 사라지는 것을 볼 때, 너무도 안타까운 생각이 든다. 이런 귀중한 노거목들이 훼손되거나 고사되어 점점 사라져가고 있는 이때에 우리 모두 조상님들의 얼과 정신을 이어받아 보살피고 보호해야 한다.

(《월간 문화재》 9호, 1985. 4.)

토박이 마을과 당수나무

사람이 살면 모여서 마을을 이루기 마련이고 흔적을 남기게 된다. 어느 곳이고 간에 땅이름이 생긴다.

마을마다 그 마을에 따른 특색있는 마을이름과 땅이름이 있고 사람이 모여 사는 곳에는 질서와 무사평안을 빌기 위하여 우리가 흔히 말하는 토속신앙으로 여기는 동제를 지내고 있다.

어느 독지가의 도움으로 경주군 내남면과 경주시 탑정동의 토박이 땅이름과 동제를 모아 책으로 펴내게 되었는데, 그 동안 조사하면서 미처 확인 못한 것이 당수나무여서 주민들의 말만 듣고 그러나 보다 그냥 알고 있다가 하나하나 확인을 해보니 분명히 포구나무인데 느티나무라고 말하고 있는 것이었다. 그만큼 느티나무가 주민들 사이에는 입에 익은 말인 것이다.

땅이름도 마을이 생긴 산세와 같은 것이 있는가 하면 마을 출신의 유명 인사와 연관된 것도 있었다. 이번에 조사한 곳은 경주군 내남면의 13 법정리와 34 행정리, 60여 마을, 경주시 탑정동 4곳, 법정동 18곳과 행정동 15 마을이다. 경주시 탑정동의 경우 동제를 지내는 마을(탑리, 남간, 식혜골, 율동, 도초, 매바우, 두대, 당미기, 배리, 포석)은 10곳인데 나무는 홰나무(두대, 배리, 남간), 느티나무(포석), 소나무(매바위), 느티나무, 갈참나무 각 한 그루씩(탑리) 바위(식혜골) 당집(당미기) 등이다. 두 그루의

홰나무는 문화재적인 가치가 있는 고목나무이나 다른 곳은 별로 특징이 없어 주민 스스로 동제를 지내고 있다는 것만으로도 만족해야 할 것이다.

경주군 내남면의 경우 동제를 지내는 마을이 안 지내는 마을보다 많으나 해마다 동제를 안 지내는 마을이 늘어남을 알 수 있었다. 동제를 지내는 나무 분포도를 보면 느티나무가 28군데, 팽(포구)나무가 3군데, 서나무가 4군데, 홰나무가 4군데, 소나무가 2군데, 왕떡버들이 1군데, 은행나무가 2군데, 말채나무가 3군데 마을이다. 이 가운데 노거목이 11군데 마을이었다. 그 외는 어린 나무이며 노거목이라지만 별로 가치가 없어 보였으며, 숲을 이루고 있는 곳이 일곱 마을이었다. 그런데 이번에 조사한 결과에 의하면 문화재적인 가치가 있는 나무도 상당히 많음을 알았다.

시구역 보다는 군지역에서 아직 동제를 많이 지내고 있으며 나무의 보호도 잘 되고 있음을 알았고, 시의 경우 나무가 여러가지 다양하지만 군의 경우 느티나무가 많은 것으로 나타났다. 이번 조사에 의하면 느티나무와 홰나무, 포구나무가 수령이 오래된 것이 있는가 하면 느티나무, 포구나무, 서나무, 소나무는 숲을 이룬 곳이 많이 있었는데 홰나무는 숲을 이루지 않고 한 그루씩 있었다. 이러한 나무들은 보호수로 지정하여 보호한다면 앞으로 사라져가는 향토수목의 보호에 좋은 본보기가 될 것이다. 경주시, 군지역의 동제목과 노거수들을 상세히 조사하여 연구한다면 좋은 결과가 있을 것이라 생각되며 행정당국에서도 좀 더 신경을 써주었으면 하는 나름대로의 바램을 여기 적는다.

우리는 언제나 나무와 벗하며 친숙하고도 밀접한 관계를 가지고 있는 만큼 그중에서도 크고 오래가고 숲을 이루는 굵은 나무를 많이 신성시하여왔다. 우리 지방에서는 느티나무와 포구나무, 홰나무, 서나무, 소나무가 신성시되고 있으나 소나무보다는 잡목을 더 신성시 여기고 있으며 노거목도 잡목이 소나무보다 많다.

나는 마을에 사람이 살지 않아도 옛날에 신성시 여기며 동제를 지내며 섬기던 당수나무만은 묵묵히 마을을 지키고 있는 현장을 보았다. 그런 만큼 우리는 거대한 산더미가 없어지고, 마을이 수몰된다 해도 노거목이야말로 보호해야 된다고 생각하는 바이다.

마을의 당수나무야말로 마을의 수호신일 뿐 아니라 자연환경을 아름답게 만들어주는 역할을 해주는 만큼 향토수목의 보호를 위해서라도 행정당국에서는 노거목을 체계있게 조사하여 정리, 보호해 주었으면 한다. 이런 의미에서 앞으로 나무를 심을 때도 이러한 것을 염두에 두면 금상첨화가 아닐까.

(《경주신문》 1993. 9. 11.)

발로 뛰는 향토사 연구

사람은 살아가면서 흔적을 남기고 거기에 따른 이름을 짓기 마련이다. 오랜 세월이 흐른 후에는 흔적을 남기고 이름을 남긴 사람들에 대한 연구를 하고, 그 유적과 유물을 보호하고 있다.

우리는 지난날 조상님이 물려주시고 남긴 유적과 유물을 연구 보존하려고 무척 애를 쓰고 있는 것을 많이 보아 왔다. 우리가 지금 살아가면서 하찮은 것이라 여기던 것이 오랜 세월이 흐르고 문명이 발달함에 따라 하나의 보배로운 문화유적이 된 것을 보아왔다. 그런데 오늘날 각 지방마다 많이 불러지고 있는 향토사연구는 발로 뛰는 만큼 중요한 일이 없다고 본다.

지금 우리 주위에서 점점 사라져 가는 민속놀이와 노동요, 토박이 땅이름들은 직접 다녀보지 않은 사람은 찾아내지 못할 것이다. 옛 문헌을 본다 해도 그 하나하나에 대한 설명은 하지 못할 것이다. 말로 전해지고 몸짓으로 하던 것을 깊고 깊은 산골짜기에서 문명의 혜택도 별로 받지 못하는 사람들이 내뱉는 말 한마디야 말로 얼마나 귀중한 것인지 모른다. 그들이 하는 말속에 우리 문화가 숨쉬고 있다는 것을 알아야 할 것이다. 그렇기 때문에 그런 사람들을 많이 만나 보아야 한다. 그래야 각 지방의 향토사연구가 활발할 것이 아닐까?

내가 처음에 땅이름을 조사할 당시에는 몇몇 마을 이름을 물어보았으나 그 마을에 이름있는 몇몇 들과 산밖에 모른다고 하기에 직접 마을을 찾아 다녔다. 들과 산을 직접 다니면서 조사를 하여보니 뜻밖에 많은 땅이름을 찾게 되었다.

그 당시에는 누군가 나를 보고 바보스럽고 어리석은 짓을 한다고 비판도 하였지만 지금에 와서는 도리어 나를 보고 칭찬을 하는 사람도 있다. 그런데 아쉬움이 있다면은 요즈음은 자기에게 이롭지 않고 돈벌이가 안 되는 일은 도와주지 않으려 한다. 안타까운 일이다. 누가 나에게 우리 지역의 땅이름을 조사하게끔 뒷받침 해준다면 경주시, 군지역의 땅이름을 모두 조사해 보고자 하는 바이다.

요즈음 하루가 다르게 지형이 바뀌고 땅이름이 잊혀져 가고 있으니 매우 안타까운 마음이 든다. 한번 잃어버린 역사는 다시 못 찾게 될 것 같으니 신중을 기해 무슨 일이든지 해주었으면 한다. 하나의 역사를 이룩하기 위해서 수많은 세월이 흐르는데, 그것을 모르고 무조건 없애고 파괴한다면은 우리의 역사는 그만큼 후퇴하는 것이 아닐까?

역사란 꼭 한 지역에만 있는 것이 아니다. 우리가 살고 있는 땅이면 어디든지 다 있다고 본다. 그래서 각 지방마다 부지런히 향토사를 조사 연구하여 주었으면 한다. 그 지방에 살고 생활하는 사람만이 그 지방을 가장 잘 알고 조사하기 좋다고 생각한다.

각 지방마다 독특한 문화가 있고 삶과 생활이 있는 만큼 많이 조사 연구하여 준다면은 훌륭한 향토사가 될 것이 아닐까.

나날이 변해가는 생활과 과학의 발달로 우리 주위에서 점점 사라져 가는 옛문화를 되살려야 한다고 본다. 그러기 위해서 우리 문화의 뿌리를 찾고 맥을 이어 나간다는 것이 얼마나 중요한

지 모른다.

산과 들, 나무와 풀, 짐승에게도 이름이 있듯이 우리가 살고 있는 곳이라면 어느 곳이든지 다 이름이 있기 마련이다. 거기에 따른 유래가 있기 때문에 그것을 찾아내어 연구하여야 한다. 그러기 위해서 많이 다녀야 한다. 많은 사람을 만나 나누는 말 중에는 우리 역사와 생활이 살아 숨 쉬고 있음을 알 것이다. 그렇기 때문에 더 잊혀져 가기 전에 더 많이 조사해 주었으면 한다.

(《향토 경북》 4호, 1994.)

토박이 땅이름과 문화유적

사람은 살아가면서 흔적을 남기게 마련이다. 남긴 흔적들이 수많은 세월이 흐르면 하나의 유적이 되고, 유물이 되는 것이다. 이런 유적과 유물들을 잘 보살피고 연구하는 민족이야말로 앞서 가는 문화민족이 아닐까 생각한다.

어렵게 이룩해 놓은 조상들의 문화유적지를 생활에 편리하도록 훼손시키고 있으니 어찌 역사를 가진 문화민족이라 할 수 있겠는가?

하나의 기와조각과 토기조각도 헛되이 여기지 말아야 한다고 본다. 며칠 전에 우리 집 아이가 학교에 갔다 돌아오면서 길거리에서 주워왔다는 기와조각을 보니 사람의 발에 밟히고 온갖 농기계에 부딪혀 깨어지고 마멸되긴 하였으나 암막새 기와조각과 수막새 기와 조각인데 무늬가 새겨져 있었다. 이렇게 논밭에서 이리저리 뒹구는 기와조각 하나에도 우리의 역사가 살아 숨쉬고 있음을 알아야 한다.

이런 예도 있다. 학자들 간에 시대가 맞느니, 안 맞느니 논쟁이 있는 곳에서 명문이 새겨진 기와조각을 주움으로 해서 논쟁이 없어진 예가 있는가 하면, 그곳에서 무늬가 새겨진 수막새기와를 보고 시대를 앞당기는 예도 있는 만큼 논밭에서 일하기 어렵다고 없애지 말고 잘 보살핌이 좋을 것이다.

우리 지역의 토박이 땅이름을 조사하는데 뜻밖에 땅이름과 유적지가 딱 맞아 떨어지는 곳을 발견할 때도 많다. 옛 문헌의 기록을 보고 유적지를 찾으려는 학자들께서 아무리 찾아도 못 찾은 곳을 땅이름을 조사하면서 찾아낸 예도 있었다. 땅이름 찾는 것도 중요하지만 역사의 흐름 속에서 영원히 잊혀져 가는 문화유적을 찾아내 우리 역사를 올바르게 바로 잡아야 할 것이다. 그러기 위해서는 더욱더 땅이름을 찾아내고 조사연구 정리해야 한다.

내가 처음에 땅이름을 조사할 때만 하여도 농사지으며 매일 나간다고 주위에서 핀잔을 주었다. "농사짓는 사람은 농사나 짓지 무슨 짓을 하느냐, 그것은 학자들이나 하지 무엇한다고 다니느냐."며 비꼬아 말하기도 하였다. 그러나 이제는 내가 조사한 땅이름이 행정당국에서 인정을 받고 땅이름과 유적지가 맞아떨어지는 것을 보고 주위에서 놀라는 기색들이다.

그런데 토박이 땅이름이야말로 우리 토박이들의 숱한 애환과 삶이 깃든 만큼 토박이들이 살아가면서 거기에 맞게끔 지어 부르고 있는 것이 토박이 땅이름인데, 그 지역민이 가장 아끼고 즐겨 부르는 이름이기도 하다.

한 달 전에 우리 지방의 어느 산골에 유명한 조선시대의 도요지가 있다기에 찾아 나섰으나 그 지역에 가서 물어보니 아는 사람이 아무도 없었다.

그런데 마침 뻥튀기하는 사람이 그 그릇 굽던 터를 알기는 하는데 지금은 사람의 발길이 끊어져 모르는 사람이 혼자서 찾아가기는 어렵다고 하였다.

그러면서 자기가 초등학교 시절 소풍 갈 때 보았다면서 안내를 해주는데 마을에서 한 시간이 넘는 거리라고 하였다. 30년간이나 사람의 발길이 끊긴 곳이라 잡목이 빽빽한 좁은 골짜기를 찾아가는 것이었다.

좁은 계곡을 지나니 산 중턱 쯤에 넓은 들판이 보이며 잡목과 잡초가 우거져 있는데 거기에 못이 있었다. 1959년 사라호 태풍 때 터진 것이라 했다. 여기에서 계곡을 따라 올라가니 조선조 후기의 토기조각과 청색의 흙이 많이 있었다. 굉장히 큰 사기 가마터인 것 같았다. 잡목과 잡초에 묻힌 것을 찾아낸 것이었다.

이곳 주민들은 사라호 태풍에 터진 못은 신라 화랑들이 훈련하면서 말에게 물 먹이던 곳이라 했으며, 그릇 가마터는 임진왜란 때도 있었다면서 이곳의 도공들 수십 명이 일본에 붙들려 갔는데 지금 일본의 도공들은 그들의 후손들이라 일러주었다.

일반적으로 그 지역주민들은 잘 알고 있지만, 자기네들의 생업에 별로 이로운 것이 아니라고 해서 남에게 알려주기를 꺼리지만 그래도 우리 문화에 관심이 있는 사람은 안내를 잘 해주기도 하는 것이다.

우리 토박이 땅이름을 찾다 보면 알게 모르게 문화유적지를 찾아내는 예도 많이 있다. 영원히 묻혀버릴 문화유적을 찾는 것은 찬란한 문화민족의 긍지를 심어주는 것으로 여긴다.

(《월간 문화재》 118호, 1994. 5.)

골기와집이 사라져 가고 있다

우리 고유한 멋을 간직하고 있는 목조 한식 골기와집이 점점 사라져 가고 있다. 그나마 남아 있는 집들도 비가 새고 허물어진 채 내팽개쳐 지고 있어 우리 문화를 연구 보존하려는 사람들에게 안타까움을 주고 있다.

우리의 옛집들은 우리 풍토와 기후생활, 민족성을 잘 나타내고 있을 뿐 아니라, 자연 그대로를 이용하여 우리 생활에 알맞게 지어진 것이다. 반달처럼 휘어진 박공 굽은 것을 잘 이용한 연목, 적당하게 굽은 대들보, 창포잎 같이 곱게 다듬어 만든 문살 등은 보면 볼수록 고색창연하다.

중국의 집 구조는 무엇보다도 대륙의 기질이고 큰 것을 좋아한 나머지 크고 웅장한 건물이 많고, 일본은 섬나라의 기질에 날카로운 건물이 많으며, 우리나라는 대륙의 기질도 아니고 섬나라의 기질도 아닌 우리 민족성에 맞는 은은한 멋을 지닌 건물이 많다.

기와지붕의 그 골마다 휘어진 곡선의 아름다움은 어디에 비할까? 조상님 고운 손때가 묻은 것이 얼마나 곱게 다듬어져 있는가.

경주군 내남면 망성 1리(둥굴마을)는 권, 한 두 성씨가 주를 이루고 있다. 종택과 가묘가 잘 보존되어 있는가 하면 오래된 고가도 많이 남아있다. 망성 1리는 17집인데 오래된 집은 곡산 한

씨종택을 비롯해서 5집 가량이고, 근래 지은 집이 한 채 있는데 이것은 최근 콘크리트다. 그 외는 모두 백 년 이내인 것 같았다. 망성 2리(새말)는 8집이 모두 모여 있는데 비어있거나 허물어져 가는 집도 많다.

그러나 목조 한식 골기와집을 이대로 방치하면 몇 년 내에 허물어져 버릴 집도 많아 보였다. 또한, 몇 년 사이에 허물어져 없어진 집도 몇 집 있었다. 이대로 그냥 내버려 둔다면 목조 한식 골기와집이 점점 사라질 것이고, 목조 한식 골기와집은 누가 짓지도 않고 있으니 우리 고유의 아름다움이 점점 사라져 가는 것이 아닐까 싶어 안타까운 마음이다. 우리 고유의 주택은 나무와 흙으로 지어졌는데 요즘은 시멘트가 주를 이루고 있으니 말이다.

행정당국에서 우리 고유의 한식 골기와집을 조사하여 잘 보존하도록 주민들에게 이해시켜 주는 것도 좋을 것 같다. 그리고 우리 지역의 한식 골기와 집을 조사하여 보존가치가 있는 것은 보호 관리하여 주기를 바란다.

(《경주신문》, 1993. 10. 23.)

사라져가는 우리 토종

문명의 발달과 새로운 기술로 품종의 개발과 보급이 많아졌다. 그로인해 우리 고유의 품종인 토종이 점점 사라져가 매우 안타까운 마음이 든다.

몇 년 전까지만 해도 우리 주위에서 흔히 볼 수 있던 밀, 목화, 조, 기장 등은 요즘에는 좀처럼 볼 수도 없고, 구할 수도 없는 귀한 작물이 되어 버렸다.

벼, 보리, 콩, 참깨, 마늘, 고추 등의 작물은 신품종의 개발과 보급으로 인해 우리 고유의 품종인 토종은 볼래야 볼 수가 없다. 또한 소, 돼지 등의 가축은 인공수정의 발달로 인해 토종인 한우와 토종 돼지가 점점 사라져가고 닭은 기계로 병아리를 부화함으로 해서 토종닭이 없어져 가고 있는 실정이다. 토종벌과 양봉의 싸움으로 인해 우리의 토종벌도 점점 사라져가고 있다.

우리 조상 대대로 가꾸고 재배하며 기르던 우리의 토종이야말로 우리 민족과 함께 살아오고 애환을 같이 나누며 우리 민족성을 잘 간직하고 있는데도 불구하고 무슨 이유인지 자꾸만 멸시하고 천대하고 있으니 농사짓는 한 사람으로서 안타까운 마음이 든다. 자꾸만 우리 토종이 없어져 간다면 어느 작물, 어느 품종, 어느 가축에서 우리 민족성을 찾아야 할까? 토종이 더 이상 멸종하기 전에 정부 당국에서 토종보호법을 만들어 토종을 보호하든가, 토종 보호구역을 정하든가 하여 하루빨리 토종을 보호하도록 해야 할 것이다.

우리 민족이라면 우리 토종을 보호하고 가꾸는 마음을 가져야 할 것이다. 지금 이 상태로 나간다면 그나마 남아있는 토종들도 모두 사라져 볼 수도, 구할 수도 없을 것이다. 어서 빨리 토종을 보호하도록 해야한다.

토종이야말로 우리 민족성을 잘 나타내고 있는 만큼 없애지도 말고, 천대하지도 말고 잘 보살펴 주어야 한다.

(《경북일보》, 1988. 10. 6.)

살아 숨쉬는 문화유적

조상님들이 물려준 찬란한 문화유산은 이를 잘 보살피고 빛내어 후손에게 값있고 보람있게 물려주어야 할 것이다.

우리 주위에서 알게 모르게 우리의 소중한 문화유산들이 사라져가고 있어 못내 아쉽기만 하다.

농촌의 농경지 정리를 비롯하여 도시의 주택 건립과 도로의 개설 등으로 인하여 수많은 문화유산이 파헤쳐지고 또한 없어지는 예가 허다하다. 농경지 정리할 때는 으레 지표조사와 고적발굴조사를 하여야 할 것이다. 농경지 정리는 지형이 바뀌는 만큼 문화유적지 보존에 신중을 기해야 할 것이다. 한번 훼손되면 다시는 찾지 못할 우리의 문화유적이 될 것이다.

자연미 넘치는 우리나라의 명승고적들은 산과 강과 바다가 어우러지고 들과 마을이 조화를 이루고 있는 가운데 논밭이 우리의 산실이기도 하다. 우리 민족은 산에서 나고, 산에서 살고, 산에 묻히는 만큼 우리 주위에는 올망졸망한 산등성이마다 수많은 고분들이 산재하고 있는데, 이것을 모른 채 마구 파헤쳐진 예는 수없이 많다.

몇 년 전에 돼지우리를 지으려고 야산을 깎아 터를 고르던 중 9세기의 것으로 추정되는 석함 속에 화장한 사람의 뼈를 넣은 골호가 있고 그 주위에 방위에 따라 흙으로 만든 십이지상이 발견되었다. 용, 뱀, 말의 형상 3점은 작업시 포클레인에 의해 파괴되어 찾지 못한 채 지금 경주박물관에서 전시 중이다.

만약에 이 귀중한 문화유적이 파괴되어 찾지 못하였다면 신라시대 묘지 연구와 십이지, 토용 연구가 어떠하였겠는가. 이런 것은 값으로 따지기보다는 우리의 역사와 문화유적을 찾아야 한다는 신념으로 우리의 문화유적지를 잘 보존하고 훼손하지 말아야 할 것이다.

도시의 아파트 건립으로 인하여 고분밀집지역을 파헤치는 예가 수없이 많은데 공사에 조금 지장이 있다 하더라도 발굴작업을 하고 시행하던가, 아니면 아파트 건립을 중단하고 그곳을 보호하여 우리의 역사를 찾아 세계에 빛나는 문화민족의 긍지를 밝혀야 할 것이다.

땅에 묻혀 있는 문화유적도 많지만, 그 외의 문화재도 수없이 많다. 깊고 깊은 산골짜기 인적 드문 곳의 토담집의 신비와 그 집에 살면서 고유의 수공예품을 엮어 만드는 산골 할아버지의 손놀림은 지금 주위에서 점점 사라졌다. 그분들이 부르는 노래소리도 지금은 들을 수 없어 아쉽기만 하다. 집뜨락에 앉아 토담집 지붕을 이기 위해 이엉을 엮는 장면은 예스럽고 우리 문화를 이어준다는 뜻에서 권장하여도 좋을 것이다.

현대의 과학 문명과 물질만능주의 사상에 의해 우리의 고유한 토속신앙이 주위에서 점점 사라져가고 있을 뿐 아니라 더구나 미신으로 여기고 있는데, 이것은 미신이라기보다는 안녕과 질서를 지키기 위한 것으로 보고 보존하여야 한다고 본다. 해마다 지내는 마을의 동제도 알고 보면 마을의 안녕과 질서를 지키기 위한 고유한 토속신앙으로 보아야 할 것인데. 지금은 농촌의 도시화에 의하여 사라져감을 느낄 수 있다.

내가 경주지방의 토박이 땅이름과 토속언어를 조사하면서 동제를 조사한 바에 의하면 한 행정 리·동 안에서도 자연부락 단위로 동제를 각각 따로 지내고 있었다. 심지어 6가구 밖에 없는 마을에서도 동제를 지내고 있으며 지금은 아무도 지낼 사람이 없어서 해마다 돌아가면서 지내고 있는 곳도 있었다.

사실 지금은 미신으로 여길지는 몰라도 동제를 안 지냈더라면 우리나라 곳곳에 오래된 고목나무는 볼 수 없지 않았을까 생각한다. 어렵게 지켜온 토속신앙과 무형문화재, 민속놀이가 현대의 과학 문명과 물질만능주의에 젖어 자꾸 훼손되어 가는데 더 이상 훼손시키지는 말아야 한다고 본다. 이러한 문화재들은 우리의 사상과 문화, 예술, 종교가 잘 간직된 것인 만큼 잘 보호해 나가야 할 것이다. 사라져가는 문화유적 속에 우리 조상들이 물려준 고귀한 역사가 살아 숨쉬고 있다. 수려하고 아름다운 자연과 더불어 살아가고 있는 가운데 곳곳마다 유적이 있고 전설이 있는 만큼 우리 주위에 흩어져 파괴되고 사라져가는 문화재를 쓸모없고 귀찮다고 내팽개치지 말고 한 조각의 기와라도 보살피고 보존하는 마음으로 문화재를 보호하여 문화민족으로서의 긍지를 가져야 할 것이다.

(〈월간문화재〉 102호, 1993. 1.)

신라문화를 생각하다

■잊혀진 우리 역사 연구하자

우리는 역사의 분기점을 고조선, 삼국시대, 통일신라, 고려, 조선과 일제강점기의 암흑시대로 구분하지만 발해에 대해서 논의·연구하시는 분은 적다고 본다.

삼국시대를 말한다면 고구려, 백제, 신라이지만, 신라가 삼국통일을 한 이후의 신라에 대해서는 연구가 많이 되는데 비해 발해는 등한시하는 것 같다.

오늘날의 우리나라를 말한다면 통일신라는 남쪽의 나라요, 발해는 북쪽의 나라인 만큼 둘 다 우리나라인데 어찌해서 통일신라의 역사는 활발히 연구하면서 발해의 역사는 등한시하는지 정말 안타까운 마음이 든다.

신라는 삼국의 땅 일부와 민족의 일부를 통일하였다. 문화를 통일했다고 볼 수 있지만 땅과 민족을 완전히 통일한 것은 아니다. 신라가 통일하지 못한 고구려 땅을 발해가 통일한 것이 아닐까? 발해는 만주와 연해주, 시베리아까지도 차지하였다.

발해를 세운 사람도 우리나라 사람이요, 신라를 통일한 사람도 우리나라 사람인 만큼 발해와 신라는 모두가 우리나라인 것이다.

지금 우리나라가 이념과 사상을 가지고 외세에 의해 갈라진 것이라 해도 남과 북의 땅과 민족, 그리고 언어가 하나인 만큼 모두가 한나라이지 어찌해서 북은 남의 나라라 하겠는가?

이와 같이 발해도 통일신라와 같이 우리나라임에 틀림없는데 어찌해서 지금 나오는 국사책과 역사를 논하는 사학자들은 발해에 대해 연구하시는 분들이 적은지 부끄럽다. 앞으로 전문 사학자들은 발해에 대해 많이 연구하고 영토와 문화도 정확히 밝혀 우리 민족의 자존심을 찾아 세계의 으뜸 민족임을 자랑으로 여겨야 한다.

■ 시대별 특색있는 문화유적을 살리자

경주하면 신라문화만 생각하지만 고려, 조선, 일제강점기, 해방 후 현대에 이르기까지 많은 유적과 유물이 곳곳에 흩어져 있는 것은 사실이다. 이뿐만 아니라 고대 원시시대의 유적도 곳곳에 산재해 있다. 지석묘, 선돌, 암각화 등이 그것이다.

경주는 크게 말하면 신라문화가 주를 이루지만 그래도 구석기시대에는 언제부터 사람이 살았으며 어떻게 신라문화까지 이어져 왔나를 알고, 거기에 따른 유적, 유물을 소개하여야 한다. 신라시대를 거쳐 고려시대의 유적도 찾고 연구함이 좋을 것이다. 사실 유교문화는 안동보다 경주가 앞서고 유적과 유물이 많음에도 불구하고 경주는 신라문화권에 불교문화만 꽃핀 줄 알고 있다. 불교와 유교, 민족종교인 천도교도 경주가 발상지인데 불구하고 다른 지역의 근대종교발상지에 대한 것보다도 홍보가 미흡한 것은 사실이다.

경주에도 일제에 항거한 항일운동가들이 수없이 많은데도 아직까지 알려지지 못하고 빛을 못 본 사람들이 얼마나 많은가?

6·25전쟁 때도 안강, 기계 전투는 얼마나 치열하고 유명했는가? 그런데도 다른 지역에 비해 전적비나 승전비가 적고 별로 알려진 곳이 없으니 안타까울 따름이다. 신라문화유적과 조선시대의 유적만 있는 줄 알지만 경주는 아주 먼 옛날부터 최근의 독특한 문화가 살아 숨쉬고 있다는 것을 알아야 한다.

선사시대의 고인돌과 선돌, 암각화, 신라불교문화와 고분, 그리고 고려의 문화, 조선의 유교 문화, 일제 강점기의 근대문화유적과 현대의 건축물을 둘러 볼 수 있는 그야말로 우리의 역사 문화유적을 경주에만 가면 다 볼 수 있다는 것을 보여주어 침체된 경주의 관광문화를 살리고 가 보고 싶은 경주가 되도록 하였으면 한다.

■경주 일대 문화유적 관광상품화하자

꽁꽁 얼어붙은 겨울이 지나고 매화꽃 향기로운 봄이 오면 경주 남산 용장골에서 『금오신화』를 지은 매월당 김시습이 생각날 것이다. 흔히들 우리나라 최초의 한문 소설하면 『금오신화』라고 말하는데 쓴 곳이 어디인지 모르는 사람들이 많다. 그곳은 바로 금오산으로 불리는 경주 남산의 용장사터로 설잠이란 법명을 가진 김시습이 은둔생활로 적막하게 지내면서 집필한 곳인데 지금 그 자리에는 아무런 표지석조차 없다. 어느 누가 그곳을 매월당 김시습이 『금오신화』를 지은 곳으로 여기겠는가.

다른 지방에서는 현대소설의 주무대가 된 곳에 온갖 기념될만한 조형물을 세우고 야단인데 우리나라 문학사에 영원히 빛날 『금오신화』를 지은 곳에 기념될만한 조형물은커녕 김시습의 문학비 하나 없다. 이것은 문학을 좋아하는 사람으로서 부끄러운 마음이 들기 마련이다. 그런 뜻에서 용장사 계곡 입구나 용장사 터에 매월당 김시습의 문학비를 세우면 얼마나 좋을까? 그뿐 아니라 경주는 김동리의 『무녀도』의 배경인 애기청소에도 무녀와 관련된 안내 표지석이라도 세워주어야 되지 않나 하는 생각이다. 그냥 소설로서만 무녀도를 읽을 것이 아니라 그 주무대인 애기청소와 성건동을 한 번쯤 돌아보고 그 소설을 읽어본다면 더더욱 흥미진진할 것이 아니겠는가.

경주는 신라문화와 조선조 문화만 있는 것이 아니다. 옛 구석기, 신석기, 청동기 시대의 유물·유적이 있는가 하면 신라, 통일신라, 고려, 조선, 일제강점기, 현대에 이르기까지 많은 문화유적들이 산재해 있다.

■외면 받고 있는 경주 '성부산'

경주하면 으레 불국사와 석굴암이 있는 토함산과 불교문화유적이 많은 경주 남산을 떠올린다. 전설이 많은 성부산에 대해서는 아는 사람이 별로 없다.

『삼국유사』에서는 성부산에 대한 전설을 세 가지나 전한다. 경주도선과 경주와 서울, 경주와 광주가 관계되는 전설로 너무 기이한 산인데도 불구하고 아는 사람이 별로 없다. 문화유적이 있는 산은 중요하고 전설이 있는 산은 그다지 중요하지 않다는 것 같다. 이것은 잘못된 생각이 아닐까?

전설도 정신적으로 우리에게 얼마나 중요한 부분을 차지하는지 그냥 넘길 것이 아니라고 생각한다. 그런데 성부산 동쪽 산허리를 뚫고 경부고속철도가 지나가게 됨에 따라 그곳에서 일하는 건설회사나 일하는 인부들 모두가 이 산이 어떤 산인지조차 모르고 있으니 안타까운 마음이다.

특히 일하는 인부들 중에는 외국인도 많다. 이들에게도 이 산의 좋은 전설을 알려주면 어떨까 하는 마음이 간절하다. 그래서 성부산에 대한 안내판이라도 몇 군데 세워주면 좋겠다는 생각을 한다. 그리고 경부고속철도가 동쪽 산허리를 뚫고 지나가는데 그 터널 이름도 성부산굴(터널)로 하면 어떨까 하는 생각이다.

전설이 많고 산의 생김새가 좋은 데도 불구하고 문화유적지가 없다는 이유로 언제나 푸대접을 받는 성부산을 우리는 올바르게 알고 잘 보살펴주면 어떨까?

■경주시 문화행사 유감

경주하면 역사와 문화예술, 유적의 도시라고들 많이 할 뿐 아니라, 거기에 따른 문화예술의 행사도 많이 열리고 있다.

신라문화제를 비롯하여 경주문화엑스포, 그리고 한국의 술과 떡축제 등 굵직한 행사들로 다른 지방에서는 개최하기 어려운 행사들이 많이 열리고 있다. 따라서 거기에 따른 자료들을 잘 챙겨두면 먼 훗날 하나의 큰 사료가 될 뿐 아니라 우리의 역사가 되는 것이 아닐까?

모든 자료를 행사를 마치고는 없애버릴 것이 아니라 빠짐없이 잘 챙기어 행사를 끝내고서는 평가하는 의미에서 자료전시회라도 열면 하는 바람이다. 신라문화제도 제1회부터 지금까지 포스터나 일정표를 모아두고 전시회를 한다면 시대의 변천 과정을 잘 알 수 있을 텐데…….

그리고 문화엑스포도 마치고 나서는 거기에 따른 포스터와 프로그램, 전단지가 수없이 많을 것인데 그것을 모아두고 전시회라도 열면 어떨까 하는 마음이다. 그냥 행사에만 마치고 쓰레기처럼 취급하고 내버리지 말아 주었으면 한다.

경주가 역사와 유적 문화예술의 도시라고만 하지 말고 행사가 많은 만큼 거기에 따른 자료를 하나라도 잘 챙겨 문화도시의 자부심을 가지고 우리 것을 잘 지켜나감도 중요할 것이다.

무슨 행사를 할 때마다 현수막과 포스터, 팸플릿 등을 다양하게 만들면서 행사가 끝나면 언제 그랬냐는 듯이 없애버리는 것을 보면 안타까울 때가 많다.

역사가 있으면 거기에 따른 자료가 많이 있어야 하는 만큼 모으고 보관하는 습관을 길러야 한다.

■시장과 오일장

옛날에는 곳곳에 시장이 많이 있어 장날 또한 어김없이 열렸다. 장날이 되면 갖가지 물건과 가축을 내다 파는 일이 많았는데 지금은 교통, 통신의 발달로 장날도 없어져 산간 오지에 사는 사람들은 먼 곳까지 시장을 보러 가는 불편이 있다.

또한, 장날마다 장터를 돌아다니는 장돌뱅이가 없어진 대신 차량이 곳곳을 누비고 다닌다. 따라서 옛날처럼 장날이 아니라도 필요한 물건을 구할 수 있을 뿐 아니라 전화 한 통이면 원하는 물건을 집까지 배달해준다. 그러니 자연 장터, 장날도 필요 없이 되었다.

그러나 우리 지방에는 그래도 아직까지 장날이 존재하고 장날마다 장터가 형성되고 있다. 그뿐만 아니라 가축시장만은 장날이 분명하다. 흔히들 장날을 오일장이라고 부른다. 사람이 살면서 마을이 형성되면 물물교환이 있기 마련이고 이것이 발달하여 시장이 만들어진 것이다.

우리나라 시장의 시초라면 무엇보다도 기록에 의하면 경주라는 사실을 알게 될 것이다. 『삼국사기』에 의하면 신라 소지왕 때에 경도시(京都市)에 개설하였다고 한다. 지금 경주시 강동면의 부조장은 조선조 때는 우리나라 4대 시장의 하나였다. 우리 지방은 예나 지금이나 교통의 중심지로 상공법도 발달하여 지금도 경주 장날이면 사람들이 북적거렸다. 교통이 편리하여 전국의 모든 장삿꾼들이 몰려들 뿐만 아니라 장날만 되면 소장사들은 이 장 저장 다니는 것을 흔히 볼 수 있었다.

옛날에는 몇 십리 길을 걸어서 장에 간다고 새벽밥을 먹고 나서기도 하였는데 장날만 되면 온갖 소식을 다 들을 수 있었다.

시골의 오일장은 점점 사라지고 시청, 군청 소재지 중심의 시장이 형성되고 있다. 우리 지방에도 옛날에 있던 시장과 장날이 없어지는가 하면 교통 중심지인 기존의 경주시가지에 시장이 형성되어 모이는 현실이다.

사라진 시장과 장날이 앞으로 더 이상 사라지기 전에 조사해 봄도 좋을 것이다. 그리고 앞으로 더 번창해 나아가는 상가도 조사해 나가는 것도 좋을 것이 아니겠는가.

(〈경주신문〉, 1996년 1월 연재)

4부

열두 달로 본 세시농사법

한 해의 시작 1월

동지 지난 열흘이면 여든된 노인이 십 리를 더 간다고 한다. 동지 지난 열흘이면 새해 1월 1일이 된다. 새해는 해가 길어지면서 모든 것을 새롭게 한다.

새해에 떠오르는 해는 아무리 차가워도 찬란하게 떠오른다고 하였다. 그만큼 새해에는 지난 것은 추억으로 넘기고, 새로운 계획을 세워 새롭게 출발을 해야 할 것이다.

1월의 해는 언제나 차갑다. 앙상한 나뭇가지에 걸려 있는 햇살, 소나무에 휘몰아치는 솔바람소리, 대나무 숲에 부는 댓바람소리에 많은 눈이 내리는 달이기도 하다.

옛날에는 낮에 땔나무를 하고 밤이면 새끼꼬기, 가마니 치기에 바빴지만 지금은 영농설계에 영농교육을 받기도 한다. 그만큼 요즈음은 과학영농시대다.

들판에 파아란 보리가 있는가 하면은 끝없이 펼쳐진 비닐하우스가 있다. 그냥 비닐이 들판을 수놓은 곳도 있다. 비닐이 많이 펼쳐진 곳일수록 잘사는 곳으로 볼 수 있다. 그만큼 오늘날은 무엇이든지 연구, 노력하여야 잘 살아갈 수 있다. 우리 농민도 이제는 연구 노력하면서 생각하는 참 농민상을 심어주어야 한다.

요즈음은 환경농업이 중요하다. 여름은 무덥지만 그만큼 들판에 푸르름이 가득한데 겨울에는 앙상한 나무에 맑은 공기를 만들어 줄 만한 것이 적은데 그만큼 소나무, 대나무 등이 그 역할을 해주지만 그래도 맑은 공기를 많이 제공받기 위해서는 산과 들에 사철 푸른 나무를 많이 심고 들판이 푸르게 하는 작물을 많이 심는 것이 좋다.

1월은 1년의 첫 출발하는 달이지만 겨울의 한가운데서 춥고 세찬 바람에 휘몰아치다 못해 폭설로 변하는 달이기도 한다.

1960년대까지만 하여도 눈이 내리고 바람이 세차게 불어 추운 밤이면 화로 불가에 옹기종기 모여 있으면 할아버지, 할머니께서 옛날이야기 들려주시는가 하면은 이야기책, 동화책, 소설 등을 많이 읽었으나 요즈음은 TV와 비디오, 컴퓨터에 옛날 같은 이야기는 들을 수 없음이 못내 아쉽기만 하다. 가스렌지와 기름, 가스보일러에 재래식 아궁이가 없어져 가고 있으니 세월이 변해도 너무 변해가고 있다. 옛날에는 도시에 쓰레기가 많았으나 요즈음은 농촌의 쓰레기가 더 문제이다. 비닐, 헌 농기구와 쓰지 못하는 농기계가 농경지에 그냥 방치해 둔 것을 보면 어딘가 잘못된 것이 많음을 알 수 있다. 앞으로는 새 농기계를 구입할 때는 기존의 농기계가 있을 때는 그 농기계를 가지고 가야 새 농기계를 구입하도록 하였으면 한다. 농촌의 거리를 깨끗하게 만들기 위해서는 정부에서 좀 신경을 써주었으면 한다.

우리나라의 겨울은 삼한사온이라 하는데 3일은 춥고 4일간은 따뜻하게 되는 것이다.

소한은 덜 춥고 대한은 많이 춥다지만 사실 보면 소한 때가 더 추울 때가 있다. 그래서 대한이 소한 집에 가서 얼어 죽는다는 말이 나온 것이 아닌가?

요즈음은 한겨울이라 해도 여름 못지않게 각종 채소와 과일이

나온다. 옛날에는 김장김치와 땅에 묻어둔 배추와 무우가 고작인데, 콩나물과 두부도 겨울 반찬으로 한몫하기도 하였다. 그런데 우리의 입맛도 시대에 따라 변하고 변해간다. 옛날에는 군것질이라야 밤과 고구마를 구워 먹고 무우를 깎아 먹었으나 요즈음은 과자류를 즐겨 먹는다. 그만큼 옛날과 오늘의 어린이나 어른할 것 없이 우리의 먹거리에서조차 외국 것이 많음을 알 수 있다. 외국 것은 헐값이고 우리 것은 비싸다고 우리 것을 외면하는 것을 보면 어딘가 모르게 우리 농산물의 설 자리가 자꾸 없어진다. 시장에 가보면은 우리 농산물보다 외국산이 더 많이 나오고 더 헐값임을 알 수 있다.

농촌 오일장도 자꾸 사라져 가고 시, 군청소재지 중심의 시장이 이루어짐을 알 수 있는데 이것은 다름 아닌 교통이 편리하기 때문이다.

우리는 아름다움을 창조하는 참다운 농민상을 심어주기 위해 우리의 먹거리만은 우리의 입맛에 맞는 것을 심어야 한다. 진실된 마음으로 거짓 없이 흙을 부드럽게 가꾸어 아름답게 자라 알차게 열매 맺도록 하여야 한다.

새봄이 꿈틀거리는 2월

추운 겨울이 가고 새봄이 오는 달이다. 그런데 뜻하지 않는 추위에 오는 봄이 주춤하다가도 새싹이 돋아 봄을 재촉하기도 한다. 아무리 추워도 계절은 속일 수 없듯이 산에는 오리나무가 꽃을 피워 펄펄 노오란 꽃가루를 날리는 가운데 꽁꽁 얼었던 땅이 풀리고 냇가의 버들개지가 꿈틀꿈틀 기지개를 켜고 피어나는 가운데서도 폭설이 내릴 때도 있다. 낮이 조금씩 길어지면서 새롭게 봄을 맞는 입춘이 있다. 기나긴 겨울이 가고 얼었던 개울물이 풀리면서 물고기가 물속을 거닐고 철새들이 황혼 녘의 하늘을 맴돌다 날아간다. 새봄, 새 희망에 대문에 '입춘대길' 입춘방을 대문에 붙이고, 음력 정월이라 설날 기분에 올해는 대보름이 늦어짐에도 정월의 민속놀이가 많이 행해지는 달이지만 지금은 볼 수 없는 옛날이야기가 되고 말았다.

우수가 지나면서 어떤 해는 뜻하지 않게 춥지만 어떤 해는 유난히 따뜻하여 개구리가 울기도 하는 때가 있기도 하다. 잔설들이 남아있는 들녘에 푸르름이 더해가는 보리밭을 매는 아낙네들의 손끝에 묻어나오는 흙 속에 새봄을 맞는 생명의 소리를 들을 수 있다.

옛 풍속이 하루가 다르게 달라지다 못해 사라져 가고 마을공동체 의식도 시대에 따라 달라져 감은 옛처럼 재미있고 아기자기

한 멋을 잃은 지가 오랜듯하다. 지금의 콘크리트, 기름문화의 시대가 옛날 초가지붕과 나무의 시대 문화 보다 따뜻한 정과 멋이 없어 보이는 것이 사실이다.

꽁꽁 얼었던 대지에서 봄의 미각을 찾으려고 대바구니 옆에 끼고 나물 캐는 소녀의 머리카락 사이로 불어오는 바람에도 봄은 오고 있다. 향긋한 봄나물에 높이 솟는 마을의 저녁연기 속에 몰려드는 새떼들이 황혼빛에 젖어 날아가고, 깡마른 대지에 훈훈한 미각을 돋구어주는 봄의 내음에 농업인들의 몸놀림이 바빠 보이기도 한다. 가스, 가스보일러에 가스렌지에 산은 푸르고 나무꾼들은 사라져 가고 있다. 나무꾼들은 산의 안내자이면서 봄을 맨 먼저 전하는 사람들 중의 한 사람인데 이제는 등산객들에게 밀리는 느낌이다. 무어니 해도 봄은 그 지방의 농민에게서 제일 먼저 알 수 있다. 비닐하우스에서 채소와 과일이 사계절 변함없이 나오지만 그래도 봄이 가까워 오면 훈훈하고 따뜻함에 더욱 활기차고 보리밭 매는 사람들의 모습도 보이고 들판에 일하는 농민의 모습도 활기차 보인다.

봄에 농사짓기를 하기 위해서는 겨울 동안 준비를 단단히 하여야 한다. 볍씨도 미리 바꿔놓고 영농교육도 받고 객토 작업도 하여야 한다. 그리고 거름도 논에 내놓고 하여야 땅이 풀리고 꽃이 피고 새가 우는 봄이 오면 논, 밭 갈아 씨 뿌릴 것이 아닌가? 이 모든 것을 위하여 정월 대보름의 쥐불놀이, 지신밟기 등 갖가지 민속놀이가 많이 성행했으나 과학의 발달로 인해 우리 고유의 민속놀이는 자꾸 사라져 가고 있다. 이 모든 놀이는 재미도 있지만 주민의 협동 단결력을 심어준다는데서 매우 귀중하게 여겨야 하는데 어쩌다가 자꾸 사라져 가는지 모를 일이다.

오늘날같이 과학이 발달하지 못한 옛날에는 가축의 활동상과 새들의 움직임, 나무, 풀의 생김새를 보고 그해 농사를 점치고 또는 그 모든 생김새를 보고 좋지 않은 징조라고 여기며 자연을 이용하여 무사안일을 빌기까지 하는데 그 대표적인 것이 마을마다 지내는 동제다. 그래서 생겨난 것이 우리 주위에는 얼마나 많은지 모른다. 어쨌든 2월은 농사짓는 사람들에게는 매우 중요한 달이다. 농사준비도 하여야 하지만 모든 식물도 새싹을 피우기 위해서는 얼마나 많은 정성을 쏟는지 모르는 것이다. 모든 일이 다 그러하듯이 일을 한창 할 때 보다가도 준비가 어려운 것이다. 그러기 때문에 준비를 잘하여야 일이 잘 풀려나감을 알 수 있다.

옛날에는 겨울 삼동이라 해서 그냥 노는 것, 다시 말해 농한기라 하지만, 그 말은 옛말이 되고 말았다. 겨울이라도 무슨 일을 하든지 해야 하는 것이다. 비닐하우스를 지어 각종 채소 등을 재배하고 있는가 하면 가축을 많이 먹인다든가 무엇을 하던 바쁜 가운데 겨울을 지내고 있는 만큼 연구 노력하는 농민, 부지런한 농민이 되어야 하루가 다르게 들어오는 외국농산물에 이기는 길이라고 여기는 바이다.

요즈음 도시의 소비자는 매우 예리한 만큼, 우리의 입맛에 맞고 값싸게 공급해 주어야 한다. 그러기 위해서는 흙을 거짓 없게 만들어 우리의 입맛에 맞게 잘 재배하여 외국농산물을 이 땅에서 서서히 물러가도록 만들어야 한다. 달래를 넣고 끓인 된장찌개의 맛처럼 냉이의 봄내음처럼 우리 농산물을 우리의 입맛에 맞도록 해야 한다. 오래오래 이 강토를 지켜온 유구한 역사의 주인이라는 자부심을 가지고 앞으로도 계속 이 나라를 지켜가는 농민이라는 자부심을 가져야 한다.

농사일 준비에 바쁜 봄의 3월

일 년의 계획은 1월에 세우며 새 출발을 한다. 입춘이 있는 2월이 지나 봄을 알려주는 우수, 경칩이 지나면 개구리가 입 떨어진다고 하는 만큼 겨울잠을 자던 모든 동물도 3월이면 깨어나는데, 그것 중에서도 대표적인 것이 개구리이다. 개구리야말로 봄을 알리는 동물 중에 제일 먼저 깨어난다고나 할까?

개구리는 일찍 보면 2월 말에 우는 소리를 들을 수 있다. 버들강아지가 피어나면 매화꽃이 피고 노오란 산수유꽃이 핀다. 개나리 진달래가 계속 피어나는 것을 볼 수 있다.

봄 하면 나물로는 달래와 냉이 그리고 쑥을 생각한다. 움츠린 가운데도 훈훈한 봄날이 오면, 농사일 준비에 분주하다. 우리나라에는 옛부터 음력 열두 달에 맞는 명절과 놀이가 있다. 그중에도 정월달에 하는 놀이가 많은데 그것도 예전에는 하나의 놀이로 이웃 간의 정을 돈독히 하였다. 지금은 많이 없어지고 그나마 남아있는 것이라야 윷놀이와 연날리기, 줄다리기가 고작인데 이것도 민속놀이 대회나 체육대회 행사 때나 볼 수 있지만 그것도 옛날과는 다른 것이다.

3월이면 음력 2월 연등절이 있어서인지 바람이 많이 분다. 그 바람은 다름 아닌 농사 바람이다. 그래서 싸늘할지 몰라도 훈훈한 봄바람이다. 봄에 내리는 비는 아무리 많이 내려도 촉촉한 봄

비이면서 새싹 돋는다.

그래서 개이는 맑은 날씨이면 땅속에서 피어오르는 아지랑이가 아른아른 거리는 가운데 벌, 나비들이 훨훨 날아다니고, 새들이 정답게 노래하는 가운데 흙과 함께 더불어 살아가는 농부들, 예전 같으면 작년 9월 30일 몰아닥친 예니호의 물난리에 모든 농작물이 휩쓸어 가서 옛날 보릿고개보다 더 어려웠을 것이다. 그래도 지금은 아무리 IMF 시대에 경제위기라 해도 예전과는 다르다는 것을 느낄 수 있다. 그만큼 지금은 경제위기를 넘길 마음과 자세 모든 것이 잘 훈련되어 있다고 하겠다.

3월이라면 봄을 맞아 농사일을 시작하는 달이라고도 하지만 그 무엇보다도 우리 민족은 울분을 참지 못하여 온 민족이 일제의 침략에 대항하여 일어난 3·1운동이야말로 민족주의 국권 회복의 독립운동인 것이다. 이 모든 것이 약동하는 새봄과 함께 일어난 민족자결주의, 우리의 국권 회복운동이다.

요즈음 우리 농민들은 3·1운동의 숭고한 애국정신으로 일한다는 것으로 살아가야 한다. 꽃다운 혼들이 얼마나 많이 희생하였는가. 우리 농민들도 요즈음은 어려움 속에 살아가고 있지만, 그 모든 것을 아름다운 꽃을 보는 마음으로 일하여야 한다. 3월이 오면 농촌에서는 농사일에 바빠지기도 하지만 모든 학교에서 새 학기가 되어 개학한다.

최근 농촌의 학교는 해마다 문 닫는 곳이 수없이 늘어가고 있는데 이 모든 것이 교육열 때문이라 한다.

공해와 오염에 시달리는 좁은 운동장의 도심 학교보다 맑고 깨끗한 공기, 넓은 운동장, 자연과 어울려 생활하는 농촌학교 얼마나 좋은가? 산길, 들길 걸으며 학교 가는 길, 아름다운 들꽃,

산짐승들의 소리, 새소리 들으면서 학교 가는 길은 정다운 것이건만 어찌하여 자꾸 외면당하고만 있는지. 도시의 학교는 걸어서 10분 아니 20분 거리는 멀다지만 시골학교는 20분, 30분 거리는 가깝고, 1시간 거리는 보통이다.

농촌학교의 문을 닫음으로 해서 농촌을 떠나는 사람도 많다. 그러므로 적은 수의 학생이라도 학교 문은 닫지 말아야 하는 것이 아닐까?

요즈음 도시인들이 농촌에 와서 아이들은 시골학교에 안 보내면서 농촌에 살려고, 농촌의 땅을 사들이고, 우리 고유의 멋이 스며들어 있고 아름답고 깨끗하며, 밝은 공기와 어울려 사는 곳을 이들이 와서 어느새 깨끗한 농촌을 오염 들게 만들고 너무 이기주의적으로 만들어 주는 듯하여 옛정은 어데 간 지 찾을 수 없음이 아쉽기만 하다.

늙은 사람들은 농촌에 살고 젊은이들은 도회지로 나가고 있으니 우리 농촌의 앞날은 어떠하겠는가? 정부에서 무슨 대책이 있어야 하지 그렇지 않으면 우리의 농촌은 어려운 것이다. 그러나 어려움을 이겨나가는 것도 농민이라는 것은 알아야 한다. 그래도 천대받는 것도 농민이고 외면당하는 것도 농촌이다.

농촌이 잘 살아야 도시가 부강한 것이다. 도시민을 먹여 살리는 것이 농민인데도 불구하고 천대를 받고 살아야 한다. 그러나 봄이 오면 훈훈한 봄바람마냥 훈훈한 인심 속에 즐겁게 일한다.

3월이라면 농사준비를 하면서 일을 시작하는데 거름을 논밭에 내고 논밭을 갈고 씨를 뿌리는 것이다, 요즈음은 비닐하우스 때문에 각종 채소가 많이 재배되어 잘 먹지만 옛날에는 산과 들에 나는 나물도 이른 봄날이라 쑥, 냉이, 달래가 고작이다. 그런데 3월 초에는 매화가 피고 중순으로 가면 산수유, 말에는 개나리, 진달래가 피기 시작하고 각종 풀꽃이 피어나는 것을 보면 봄은 무르익어가고 있다. 지금은 논밭을 갈 때 경운기와 트랙터로 갈지만 70년대까지는 소와 쟁기를 이용하여 갈았다. 그런데 80년대는 경운기로 갈았다면 90년대는 트랙터가 한몫하였다. 아무리 농사를 기계로 하고 싶어도 논이 적고 길이 없다면 불가능하기 때문에 산간지의 논과 밭을 정리하며 길도 넓게 하였다.

어쨌든 농촌 소득이 많게 하여 농민들의 사기를 높여 복지 농촌건설을 향해 다 함께 나아가야 한다.

봄처럼 훈훈한 인심의 농촌에 복되게 아름다운 꽃을 피우는 가운데 일하는 즐거움의 3월, 행복의 봄이 되리라.

만물이 초생하는 4월

만물이 초생하고 꽃피는 사월이다. 꽃을 보면 2월 말부터 피기 시작하여 3월에는 봄꽃들이 앞다투어 피어나기 시작하면서 사월에는 꽃과 잎이 하루가 다르다.

옛날에는 나무의 잎 피는 것과 꽃피는 것을 보고 농사일을 하는 것으로 알았다. 나무 중에서 잎이 빨리 피는 것은 버드나무류이고 늦게 피는 나무는 대추나무이다. 그런데 4월에는 못자리하느라 바쁜 달이기도 하다. 60년대까지는 물못자리 시대였다. 그런데 70년대와 80년대 중반까지는 보온절충못자리 시대라면, 80년대 중반부터 90년대 초까지는 기계로 모심는 시대인 만큼 모상자의 못자리였다. 90년대 중반부터는 가뭄이 계속되다 보니 못자리 없이 그냥 논에 볍씨를 뿌리는 건답직파가 많이 성행했지만 그 모든 것이 다 장단점이 있기 마련이다.

물못자리할 때는 4월 말이나 5월 초에 했는데 보온절충못자리는 4월 중순에 하였다. 기계모판은 3월 말에 못자리에 쓸 흙을 준비하여 일찍 하면 4월 상순부터 모판흙을 장만하여 4월 중순에 볍씨를 상자에 넣고 모판에 넣는 일을 하는데 건답직파는 4월 중순에 볍씨를 논에 뿌리는 것이다. 4월에는 논, 밭 갈고 못자리 하고 채소 씨앗을 다 뿌리는가 하면은 농사일에 얼마나 바쁜지 모른다. 파아란 보리가 피어나고 새들이 정답게 노래하는가 하면 물 가두어 놓은 논에는 개구리가 얼마나 우는지 정신이 없었다. 꽃피는 시냇가 언덕바지에 버들피리 소리 들리고 농부의 소부리는 소리가 정겹게 들렸는데, 지금은 기계소리만 요란하다. 버들피리는 어데간지 없고, 차 소리만 요란하게 들려 온다.

개나리, 진달래, 살구꽃, 벚꽃, 배꽃, 능금꽃에 파아란 보리가 피어나면서 봄은 절정에 이루는데, 그 모든 것이 4월에 있는 아름다움으로 보아야 한다. 봄의 아름다움이라면 잎 피고, 꽃 핀다고 하지만 그것 보다 눈, 얼음이 녹아 흘러내리는 물의 부드러움, 햇살의 따뜻함, 흙의 부드러움 모든 것이 농부의 손끝에 묻어나오는 아름다움에 부드러운 것이 아닐까 생각한다. 삼월은 논, 밭을 갈고 다루는 달이라면 4월은 씨 뿌리고 못자리하는 달이라고 한다.

식목일에 나무를 심고 청명, 한식에는 조상의 산소를 보살피고 성묘를 하는 가운데 농사일도 피어나는 나뭇잎과 함께 바빠지고 있다. 백곡이 봄비에 젖는다는 곡우, 그래서 그런지 옛날에는 곡우에 볍씨를 담구었다. 4월은 나들이, 관광하기에도 좋고, 일하기에도 좋은 달이기도 하다. 어쨌든 사월은 만물이 초생하는 만큼 우리에게 희망과 보람을 주기도 하는 만큼 아름다운 꽃들이 앞다투어 피어나기도 한다. 요즈음은 농촌주택이 많이 개량되어 밖의 소리가 잘 들리지 않지만 80년대쯤만 하여도 겨울의 세찬 바람 소리에 산짐승들의 소리, 봄이면 새소리에 밤마다 요란하게 들리는 개구리 울음소리에 잠 못들 정도로 얼마나 우는지 모른다.

여름의 풀벌레 소리, 가을이면 낙엽 지는 소리가 들렸으나. 지금은 문만 닫으면 바깥의 소리는 들을 수 없는 것이다. 가만히 생각해 보면 맨발로 소로서 쟁기를 가지고 논, 밭을 갈 때가 지금 장화, 물신을 신고 일할 때보다 더욱 즐거워했지 않았나 생각할 때도 있다. 아무리 기계로 한다 해도 손이 가지 않으면 안 된다. 옛날이나 지금이나 변하지 않는 농기구가 있다면 삽과 괭이, 호미, 낫, 쇠스랑, 곡괭이 등이 있다. 이들 농기구는 아무리 과학이 발달한다 해도 없어서는 안 된다. 아무리 논, 밭을 매지 않으려고 제초제를 친다 해도 손이 가지 않으면 안 되듯이 아무리 과학이 발달한다 해도 손으로 할 일이 따로 있음을 알 수 있다. 과학이 발달함에 따라 사라지는 농기구들도 많이 있다. 쟁기, 써레, 용두레 등도 현대화된 농기구에 사라져 가고, 이제는 민속박물관이나 향토사료관에서 볼 수 있다.

오늘날 경운기가 하던 일을 소가 대신했으니 소가 얼마나 불쌍했겠는가. 그러나 지금은 소도 편안하게 지내지만 그만큼 빨리 죽는다. 꽃과 잎은 하루가 다르게 피어나고 벌, 나비들은 꽃을 찾아 날아 다니고, 새들은 새들대로 날아다니며 산짐승들은 산짐승대로의 봄을 맞고 활동을 한다. 따뜻한 햇살 받아 푸르름을 더해가는 들녘에 일하는 농부의 이마에 맺히는 땀방울에도 올해 농사일도 처음 시작이 중요하다. 처음이 잘못되면 고쳐 나가는 데 매우 힘들다는 것은 잘 알고 있기 때문에 무슨 일이든지 시작하기 전에 준비를 잘해야 한다.

신록의 달 5월

5월하면 신록의 달이다. 계절의 여왕이라 부르고 또한 어린이날이 있고 청소년을 선도하기도 하는 달이기도 하고 어버이날이 있다 해서 가정의 달로도 불리운다.

어쨌든 우리 가정과 관계있는 것이 많다. 어버이날이 그렇고 성년의 날이 그렇다. 1월은 한겨울이지만 새봄 맞을 준비를 한다면 2월은 새봄을 맞아 새싹 돋을 준비를 한다. 3월은 잎이 피기 시작하여 4월에는 꽃과 잎이 피면은 5월은 막 피어난 잎들이 보드라우면서도 연하여 햇살 받으면 반짝반짝 빛난다. 5월은 연둣빛을 띤 신록의 달이다. 그런가 하면 모든 꽃이 피어나고 나뭇잎은 갓 피어난 연둣빛을 띠면서 부드러운 가운데 하늘은 파랗다 못해 청자빛에 비유하기도 하는데서 계절의 여왕이라 불리우기도 한다.

요즈음은 못자리를 하는데 금비를 사용하지만 금비가 없는 옛날에는 산에 나뭇잎이 갓 피어나서 보들보들한 것을 베어다가 논에 넣고서 짓밟아서 못자리를 했다고 한다. 그리하여 못자리를 하는 것을 보고 모 밟는다고 했는데, 오늘날은 못자리 설치한다고 한다. 이 모든 것이 변해가는 농사법이다.

옛날에는 곡우에 볍씨를 담그고, 입하 무렵에 못자리를 하였는데 요즈음은 4월 중하순에 못자리를 다 마치는 것이다. 지금은 기껏해야 집에서 나오는 퇴비와 금비뿐이지만 옛날에는 오늘날 같이 소도 많이 안 먹이고 금비도 없고 하여서 5월 중순만 되면 산에 가서 부드러운 나뭇잎이 있는 것을 베어다가 논에 넣어두면 검붉게 우러나온 그 물에서 풍겨나오는 냄새야 말로 향긋한 요즈음의 향기보다 좋은 것이다. 그 물 속을 헤집고 다니는 개구리가 밤낮없이 울어대면 시끄러워 정신이 없는 것이다.

60년대까지는 볍씨도 우리 토종이라면 70년대는 통일벼시대이고 80년대는 다수계 또는 일반계통하던 시대인 것인데 90년대는 밥맛 좋은 일반계통의 시대인 것이다. 모란꽃이 피고 라일락꽃이 피면 농촌에는 고추모를 옮겨 심느라 한창 바쁘기도 하다. 요즈음의 농촌은 그 무엇보다도 경제성이 있어야 좋다고들 하는 것이다. 한때는 소 먹일 때가 좋았는가 하면 돼지와 양계할 때도 있었으나 이제는 모든 것이 다 규모가 커야 좋다는 데서 많이 먹이는 것이 좋다.

옛날에는 모내기하면서 부르는 노래가 많았으나 지금은 기계소리 요란함에 모내기소리 없어진 것이 아닌가. 모내기소리는 여러 사람이 어울려 노래함으로 해서 고됨도 잊어버리고 협동심을 심어주는 데서 어깨춤이 절로 나기도 하였다.

옛날에는 지금쯤 보릿고개라 해서 웬만한 집에서는 쌀양식이 떨어지고 해서 보리가 하루 빨리 익어가기를 학수고대하였으나 지금은 그것도 잊은 지가 오래다. 천대받다 못해 재배를 안 하고 있는데 논에 보리를 재배하면 모내기에 지장이 있다 하여 논에는 보리 재배하는 것을 좀처럼 볼 수 없었는데 벼에 비해 보리는 농약을 거의 안 친다는데서 건강식품으로 각광을 받는 우리 먹거리인 만큼 요즈음은 재배가 조금 늘고 있기도 한데 정부에서 조금만 신경 써서 권장만 해준다면 많이 재배할 것이다. 그리고 밀도 재배하는 집이 없는데 조금만 신경써서 권장을 하고 밀을 빻아주는 방앗간만 있다 해도 많이 재배할 것이다.

이 시대에 외국에서 들어와서 심는 작물이 있는가 하면 조, 기장, 메밀 등 가뭄이 들지 않으면 안 심는 작물이 있다. 가정에서 조금씩 먹는 데서 심는 팥과 녹두, 수수가 있는가 하면은 소득으로 심는 고추와 참깨, 들깨 등이 있다.

과수도 옛날에는 가정에서 감과 대추는 집 주위에 심고, 밤나무는 밭뚝이나 산에 심어서 집에서 먹기 위해 심었다. 사과, 복숭아, 포도, 배는 경제소득 작목으로 심은 것으로 볼 수 있다.

우리 마을에도 사과가 한창 많을 때는 백여 호에 삼십여 집이나 되었으니 말이다. 한때는 과수농사가 소득이 많이 있었을지 모르지만 지금은 어느 과수나 간에 수지 맞은 것은 없다고 한다. 그렇게 많던 사과밭이 이제는 다섯 집도 채 안 되니 무엇이든지 꾸준히 이어감이 좋겠다는 마음이 들었다. 대나무도 한참 경기가 좋을 때는 매우 고가로 팔렸으나 지금은 그냥 가지고 가라고 해도 아무도 가지고 가지 않으니 변해도 너무 변한 것 같다.

사과는 외국산 과일과 비닐하우스의 과일 재배에 밀리고 대나무는 플라스틱에 밀리니 말이다. 어쨌든 농가 호수도 줄고 쌀, 보리 수확량도 줄고 농산물값은 하락하는데 이러다가는 우리 농산물이 많이 줄고 모자라서 외국에서 식량을 무기화해도 하는 수 없이 비싸도 죽기살기로 외국 농산물을 수입해야 할 것인 만큼 정부에서는 식량증산을 위해 좀 더 힘을 써주면 어떨까 하는 바램이다. 아무리 공업이 발달하고 문화가 향상된다 해도 먹을 식량이 없다면 어떠하겠는가 말이다. 먹고 살기 위해서는 농업이 생명인 것을 알아야 한다.

녹음이 짙어 바쁜 6월

녹음이 짙어 더욱 푸른 유월의 하늘은 더더욱 파아랗다. 하늘 높이 검푸른 버드나무 위에서 꾀꼬리는 시원스럽고도 힘차게 노래 부르고 모심은 논에는 개구리 울음소리가 더욱 크게 들린다. 처마 밑에서 제비가 지저귀고 아카시아 꽃향기에 모내기하면, 찔레꽃 짙은 향기는 보리를 거두게 한다. 빨간 장미는 향기를 내뿜7다 말고 아름다움에 지쳐 가시가 돋아나면서 바쁜 유월 만치나 따가움을 준다. 인동초꽃 향기에 빨간 석류꽃 피어나고 선비의 정신 만치나 푸른 대지에 아름다움이 있는 달. 그러나 바쁘디 바쁜 유월을 두고 하는 말이 고양이 손도 빌리고, 부지깽이도 한몫하고, 죽은 사람도 꿈틀거린다고 표현하리 만치 바쁜 달이다.

옛날에는 그럴 것이 모내기와 보리 베기가 겹치고 그런가 하면 논보리 베어내면 소로서 논을 갈고 장만해서 모를 심는다, 밭보리 거두고 나면 콩 파종하느라 바쁜 것이다. 지금은 5월 중순에 모내기 시작하여 늦어도 6월 초면 끝내니 말이다. 옛날에는 사람과 소로서 하였지만 지금은 모두 기계로 한다.

70년대까지는 소가 농가에서 일하는 데 없어서는 안될 만큼 귀중한 것이었다. 8~90년대는 벼, 보리 베고, 타작하는 기계인 바인더와 동력 탈곡기, 모내는 기계인 이앙기가 주를 이루었으나, 지금은 있는 그대로 갈고 거두고 심는 기계인 트렉터, 콤바인, 승용이앙이 되었으나 그보다도 건답직파나 무논직파니하고 있다. 가뭄에는 건답직파, 장마에는 무논직파인 것이 아닌가? 우리의 사회뿐 아니라 농촌도 너무나 빠르게 변하고 있다. 컴퓨터가 농가에도 많이 보급되어 컴퓨터 통신으로 모든 농산물을 사고 팔고 있다.

지금은 5월 중순부터는 모를 심고 싶을 때 모를 내고 있지만 옛날에는 꽃 피고 잎 피는 것을 보고 새소리를 듣고 농사일을 하였다.

옛날에는 망종에 모내기하면 올모내기이고, 하지에 모내기하면 중심기이고, 소서에 모내기하면 늦심기였는데 지금은 소만에 모내기하면 올모내기이고 망종은 늦심기에 속하고 하지의 모내기는 아주 늦심기이다.

보리도 7~80년대는 천대받다가 90년대는 건강식품으로 대접받지만 그 누가 쉽게 재배을 하지않고, 밀은 천대를 받지도 않았는데 어쩌다가 수입이 적다는 이유로 재배를 안 하더니 이제는 우리 고유의 밀은 볼 수도 없게 되었다.

곡식은 풍년이 들어 많으면은 농촌인심이 후하여 나누어 먹고 잡곡은 가뭄이 들어야 제 대접받는 것인데, 우리 고유한 것들이 왜 이래 천대를 받는가? 누에가 농촌에서 붐을 일으키던 시대는 어데 간지 지금은 볼 수가 없고 모든 가축들은 인공수정으로 우리 고유 품종인 토종이 사라져 가는 것이 한두 가지가 아니다.

소, 돼지, 닭, 개 등은 토종을 찾을 수가 없다. 어쨌든 옛 것은 자꾸 사라지고 너무나 과학적인데서 우리 고유의 것을 찾을래야 찾을 수가 없다. 우리 고유의 노동요인 모찌는 소리, 모내기소리가 사라지고 짐승의 울음소리에 시간을 알던 것이 모두 기계 소리에 밀리고 하여 이제는 일은 수월할지 몰라도 고유한 멋은 없어지는 것이다. 그래도 고됨이 있을지라도 옛날이 그리워지기도 한다.

푸르름과 더위가 더해가는 가운데서도 싱그러운 풀냄새에 고요히 들리는 물소리, 정답게 지저귀는 새소리에 햇살은 마냥 푸른 들판을 비춤에 평화롭기만 하다. 바쁜 가운데서도 아름다움이 있다.

지금은 옛 풍속이 점점 사라져 가지만 옛날에는 그 바쁜 가운데서도 단오명절이면 온갖 놀이가 다 벌어졌나 보다. 그만큼 고된 가운데서도 즐거움을 찾으며 고달픔을 달래었나 보다.

더위에 작물이 무럭무럭 자라는 7월

더위가 기승을 부리는 달 7월이다. 따가운 햇살이 내리 쬐고 푸르고 키 큰 버드나무 위에서 매미는 힘차게 울어대고 있다. 가지 각가지 산새들이 지저귀고 하는데 언제나 농부들은 들에서 일하기에 바쁘다.

불볕같이 내리쬐는 햇살을 받아 가면서도 들판에서 김매느라 구슬땀을 흘리면서 삼복더위라 수박 서리와 물맞이, 해수욕을 하러 가고, 산림욕을 하러 가는 사람도 있다. 소서, 대서를 맞이하여 제철을 만난듯하고 삼복을 맞으면서 개가 수난을 당하고, 삼계탕에 닭도 수난을 당하기는 마찬가지다.

들판에서 흥겹게 들려오는 논매기소리는 제초제에 밀리고, 꼴 베는 일은 사료에 밀리고 어린아이들의 소먹이는 일도 이제는 옛이야기가 되고 말았다.

무더운 여름날 갑자기 뭉개뭉개 피어오르는 뭉개구름이 먹구름이 되다 못해 천둥번개가 치고 캄캄하다가 갑자기 쏟아지는 소나기가 그치면 한 쌍의 무지개가 펼쳐지다가 쌍무지개가 되면 그 아래로 물동이인 아낙이 지나가는 시골, 지금은 옛 사진에서나 봄직하지만 내가 어릴 적 많이 본 일이기도 하다.

초가지붕 위에 하얀 박꽃이 어느 여인 같이 활짝 웃는 모습은 해질 녘 피어나는 박꽃에 여름은 깊어가고 더위는 기승을 부리고 각가지 작물들이 무럭무럭 자라나는 달이기도 하다.

늦잠 자는 아기 보고 일찍 일어나라는 듯이 곱게 피어나는 나팔꽃의 싱싱함에 해님따라 돌아가는 해바라기, 한낮에 시들시들하다가도 아침 이슬 맞아 곱게 핀 채송화, 선비의 정신을 간직한 백일홍, 흰꽃, 자주꽃이 피어도 알은 노오랗게 익는 콩도 보면 더위에 더위가 더해야 꽃이 피는 것이다.

우리 고유의 꽃들이 외국꽃에 밀리고 무더위에 콩밭을 매고 가꾸어도 좋은 우리 콩이 외국산에 밀리고, 힘 좋고 부리기 좋은 우리의 소도 외래종에 밀리고 있으니 이러다가는 우리 고유의 토종이 없어지고 말 것이다.

정자나무 아래서 아이들이 고무줄놀이, 공기(짜구)놀이, 말타기, 기마전, 고누놀이 등도 요즈음의 각종 전자놀이기구에 밀리고, 부채는 선풍기와 에어콘에 밀리고 마당 한가운데 모깃불 피워놓고 손자, 손녀에게 할아버지, 할머니께서 옛이야기 들려주시던 것도 TV에 밀리고 말았다. 농촌은 농촌대로 도시는 도시대로 하루가 다르게 변하고 있다.

우리 것은 천대받고 외국 것은 좋은 대접받는 것이 현실이다보니 보리, 밀, 콩은 설 자리를 잃었다. 하다못해 재배조차 꺼리었으나 지금은 귀하지만 찧어주는 곳이 없고, 그렇다고 싸주는 곳도 없으니 우리 것은 더욱 설 자리를 잃는 것이 아닌가?

아무리 살기 좋은 세월이라지만 옛날이 그리워지는 것이니 빠르게 변하고 변해가는 것 알다가도 모을 일이다.

낮에는 파리, 밤에는 모기가 얄미운 계절, 각종 풀벌레가 날뛰고 물고기가 활개치고 노니는 여름의 한가운데인 7월 모두가 싱싱하게 잘 자라기만 한다.

여름방학을 맞아 학생들은 여행을 떠나기에 좋다지만 옛날에는 여름방학이라면 식물 채집, 곤충 채집이 있었으나 요즈음은 그런 것을 볼 수 없다. 아무리 자연보호라지만 학생들에게는 식물 채집, 곤충 채집이 중요한 것이다. 학생들에게는 식물, 곤충채집을 하게 하고, 농민들에게 제초제를 억제하여 우리 고유의 식물과 곤충을 보호해야 한다. 맑고 아름다운 여름이 급속한 사회환경에 언제나 찌들어 가고 있는데서 아름답고도 살기 좋은 농촌을 만드는 것은 우리의 사명인 것으로 알고 토양이 오염되지 않게 부드럽고도 생기있고 활기차고 생동감 있는 우리의 농촌, 옛것도 고이 간직하고 현대의 과학 문명도 잘 흡수하여 모든 사람이 부러워하는 농촌이 되도록 하여야 한다. 무더위에 뙤약볕이 내리쬐지만 모든 것이 무럭무럭 자라 열매를 맺어주는 7월은 더위가 더해가는 달이다.

가을을 맞이하는 8월

무더위도 지쳐 한풀 꺾이는 8월이다. 무더운 여름날 봉숭아꽃 울밑에서 처량하게 보인다. 시집간 우리 누나 손톱에 곱게 물들여 주던 고운 꽃이 피는 가운데 일제의 압박과 설움에서 벗어난 기쁨에서 무궁화가 더욱 해맑게 피어난다. 태극기가 휘날리는 가운데 무더위도 잊은 듯 해바라기가 목을 쭉 뻗어 해님 따라 돌다 지쳐 고개 숙이면 푹신한 초가지붕 위에서 해 질 무렵 하얀 소복을 한 여인처럼 피어나는 박꽃이 있다.

토담 위에 아무 꾸밈없이 피어있는 호박꽃의 소박함에 입추, 말복, 처서가 있어 가을이 오는가 하면 삼복더위가 가고 여름이 물러가면서 벼가 핀다. 또한 나비 같은 팥꽃이 노랗게 피지만 알은 붉게 익은 것이 있는가 하면은 흰꽃과 자주꽃이 피어도 알은 노오란것이 콩이다. 하얀 메밀꽃이 피기도 하고 샛노란 꽃들이 피는가 하면은 온갖 꽃들이 제각기 피어나 멋을 내기도 한다. 감나무잎의 짙은 녹색만치나 두꺼우며 반짝임, 아카시아 잎의 얇음 만치나 시원함에 여름은 가고 가을은 온다.

논메기, 콩밭메기가 제초제에 밀리어 공동체 의식인 두레(이 지방에서는 나달이라 함, 나달이란 날이 모여 달이 된다는 뜻)가 사라지고, 우리 고유의 노동요인 논메기 소리가 사라져 감은 못내 아쉽기만 하다.

여름방학을 맞아 소먹이러 가서 수박 서리, 참외 서리하면서 해가 져서 소 타고 집에 왔으나 지금은 남의 것 하나 따 먹으면 가차 없이 도둑으로 여기고 있으니 각박해도 너무 각박한 세상이다.

지금은 푸르른 들판에서 곡식들이 한없이 영글어 가지만 경제위기에 모든 것이 주춤하게만 느껴지기도 한다.

농산물값 하락과 소값 하락하다 못해 내버린다지만 이 모든 것이 다 시대의 잔해물로 여기고 이 어려움을 헤쳐 나가는 우리 농업인이야말로 진짜 참된 농업인으로 알고 이 어려움을 이겨 나가 복지 농촌건설에 다 같이 나가도록 해야 한다. 농촌이 살아야 나라가 부강할 수 있듯이 언제나 농업은 산업 경제적 밑바탕인 것이다.

서늘한 날씨에 풍요로워지는 9월

무덥고 지루하던 여름도 서서히 지나가고 있다. 선선한 날씨에 단풍잎이 곱게 물들어 가는 가운데 오곡백과가 익어가는 들판에 허수아비는 누더기 헌옷과 밀짚모자를 쓰고 불어오는 바람에 춤을 추며 날아오는 새들을 쫓는다. 어려운 경제사정이라 하지만 마구 들어오는 외국산 농산물에 농업인들을 우울하게만 한다. 그래도 계절은 어디까지나 풍요로움에 익어가는 곡식만큼이나 행복해 보인다.

풀잎에 하얀 이슬이 맺힌다는 백로가 지나가면서 가을은 성큼 다가온듯하다. 이슬의 짙어짐에 미루나무 위에서 힘차게 울어대는 쓰르라미의 소리에 스산한 가을바람이 불어오고 휘영청 밝은 달밤 섬돌 밑에서 귀뚜라미 울음소리에 가을은 깊어만 간다. 아직까지 낮에는 땡볕에 무더위가 있지만 밤에는 제법 쌀쌀하다. 이때쯤이면 대기중의 수증기가 엉켜 투명하고 영롱한 이슬을 만들어 내고 곡식들은 푸른 빛을 잃게 되고 누른 빛으로 익어 고개를 숙인다.

올해는 추석이 늦어짐에 따라 이 달에 조상님 산소에 벌초를 하기도 한다. 휘영청 밝은 달빛 아래 여인의 소담한 자태인 양 초가지붕의 푹신한 곳에 열리던 박이 과학의 발달과 함께 사라져 가고 노란 박바가지에 버들잎을 띄워 목마른 길손에게 주던

인심은 어데 가고 값싸고 흔한 플라스틱 바가지가 대신 차지하게 되었으니 자연스런 우리 고유의 멋은 말없이 사라져 가고 있어 못내 아쉽기만 하다.

밤, 낮의 길이가 같은 추분을 맞으면서 턱 벌어진 밤과 언제나 양반 대접 받으며 과일 중에 으뜸으로 여기는 대추, 못났다고 푸대접받는 호박, 그러나 내버릴 것은 하나도 없고 달콤한 맛과 향기로운 냄새야말로 못난 얼굴에 마음이 좋은 사람에 비유된다고나 할까?

맑고 높은 가을하면 무어니 해도 가느다란 꽃대에 하늘거리는 코스모스가 있는가 하면 나뭇잎은 곱게 단풍이 들고 과일들은 먹음직스럽게 열린 것을 볼 수 있다.

고추잠자리가 하늘 위를 높이 날아다니는가 하면은 풀벌레 소리가 요란하게 들리기도 한다. 나무마다 단풍이 들 때 보면 모든 잎이 색깔이 다름을 알 수 있고 곡식들도 익어가는데 제각기 다름을 알 수 있다. 어찌 된 일인지 우리 고유의 토종은 자꾸 사라져만 간다. 벼, 보리 등 우리가 주식으로 여기는 작물들은 토종을 구할래야 구할 수 없고 그나마 남아있다면 잡곡인 콩, 팥, 수수, 메밀, 기장, 조 등이 있다. 이들 잡곡류도 비가 자주 오는 해는 볼 수 없지만 그래도 가뭄에 모를 못 낼 때는 심어왔으나 그나마 이제는 전답직파 재배로 인해 벼가 물이 없어도 재배할 수 있음에 따라 잡곡류는 사라질 운명에 처한 것이다.

우리 주위의 과일도 옛날의 품종은 없고 상품성의 예민함에 자꾸 신품종을 재배하다가 우리 고유의 품종을 잃어버린 것이 아닐까 싶어 못내 아쉽기만 하다.

올해는 6, 7, 8월은 비가 자주 오고 영남 동부지방과 영동지방은 저온현상인 것을 알 수 있다. 그렇다고 비가 많이 오는 것이 아니라 자주 내림을 보아온 것이다. 그러나 비가 조금씩 자주 내리다가 삽시간에 많이 내리기도 한 것을 알 수 있다. 이렇게 기후조차 옛날과 같지 않으니 모든 것이 옛날과 다름을 알아야 한다. 그러나 풍요로운 가을만치나 아름다운 우리네 인심은 어디에서 찾아야 하나. 그러나 그것은 다름 아닌 우리의 농촌인심은 옛날과 같은 곳이 많이 있다는 것이다. 옛날에는 나누어 먹는 미덕이 많이 있었으나 요즈음은 나누어 먹기보다는 시장에 내다 파는 일이 많고 어쩌다가 길 가다가 과일을 따 먹는 것을 옛날에는 장난으로 여겼으나 지금은 훔치는 것으로 여기니 세상인심이 각박해도 너무 각박한 것이다.

세상은 날로 각박해 가고 과학 문명은 날로 발달해 간다고 하지만 계절은 어김없이 오고 가는 것이다. 아름다운 계절만치나 아름다운 우리네 농촌인심이 아직도 남아있음을 알 수 있다. 우리에게 희망을 주고 풍요를 주는 구원이다.

풍요와 결실의 10월

단풍이 곱게 물드는 풍요와 결실의 10월이다. 10월 하면 무엇보다도 풍요로움의 결실이 제일 먼저 생각날 뿐 아니라 수확의 기쁨을 만끽한다. 단풍이 곱게 들고 여행하기에 좋다지만 농사짓는 사람들은 농사일에 한창 바쁘니 어데 여행 갈 여유조차 없다. 그래도 비 오는 날이 있다면 하루쯤 쉬는 날이 있다. 찬 이슬이 내린다는 한로를 전후하여 콩 수확을 해야 하고 콩 수확이 끝나면 벼베기가 시작되는 것이다.

세월이 흐르고 시대가 변함에 따라 우리의 고유한 멋과 맛을 간직하고 우리의 풍토에 맞는 토종이 사라지고 외래의 작물이 들어와 주인 노릇을 하는 것을 보면 알 수 있다.

팥, 수수, 기장, 메밀 등의 잡곡류는 아직 품종이 잘 개발되지 않아 우리의 토종이 많음을 알 수 있다. 팥은 콩과 함께 농촌에서 조금씩 재배하고, 수수는 콩밭에 드문드문 심어 정월 대보름 때 오곡밥 해먹는 데 쓴다. 줄기는 수수깡이라 어린애들 장난감으로 많이 쓰고 수수비로도 이용한다. 그리고 한옥 지을 때는 벽의 욋대를 엮는 데도 쓰는 등 하나도 내버릴 것이 없었는데 현대화된 주택에는 아무런 쓸모가 없게 되었다.

조, 기장, 메밀 등은 가뭄이 계속될 때 대파용으로 많이 심기도 하지만 산간지방에서는 지금도 많이 재배하고 있다. 수확을

할 때도 낫으로 베어 회전 탈곡기로 타작하고 도리깨로 두들기기도 하였는데 70년대부터 벼베는 기계인 바인더가 보급되어 낫으로 벼베는 일이 거의 없어져 가더니 90년대 들어와서는 베면서 탈곡까지 하는 콤바인이 차츰 보급이 되었다. 된서리가 온다는 삼강이 가까워 오면 서리에 약한 호박, 고추는 미리부터 따기도 한다. 된서리가 얼마나 무서운가는 도회지에서는 느끼지 못할 것이다. 된서리가 오는 날 밤이면 찬바람이 불고 춥다가도 어딘가 모르게 고요하면서 싸늘하게 되는데 아침에 일어나 보면 흰 눈이 온 듯 새하얀데 낮이 되면 모든 작물들이 시들시들함을 알 수 있다. 그만큼 된서리는 무서운 것이다. 곱고 고운 단풍잎도 된서리가 내리므로 해서 낙엽 되어 떨어지는 것이다. 중부 이북 지방은 10월 초만 되면 단풍이 들기 시작하지만, 남부지방은 10월 말이 되어야 단풍다운 단풍을 볼 수 있다. 그런데 그렇게도 많이 재배하던 보리를 논에서는 거의 볼 수 없고 밭에서나 간혹 볼 수 밖에 없다.

옛날에는 보리는 심을 수 있는 곳이라면 어느 곳이고 다 심었는데 80년대 말부터는 보리를 거의 심지 않음을 알 수 있다. 벼는 익어 갈수록 고개를 숙이고 황금빛깔이 나고 고개 숙인 것이 골골이 아름답게 보이는데 보리는 사계절을 자라면서 푸른 빛이 감돌면서 필 때는 푸른 정기 만치 곱고 아름답게 보이지만 익어 갈수록 거칠은 수염은 우중충함에 보리쌀 값은 쌀값의 절반도 안 되고 천덕꾸러기였으나 지금은 건강식품으로 각광받고 값도 쌀값과 비슷한 것을 보면 보리재배 면적이 줄기는 많이 준 것이다. 시대의 변화에 따라 재래식 농기구인 도리깨, 그네, 다비 써레(경주지방에서는 괭이 써레라 부름) 등은 이제 민속박물관에서나 볼 수 있다. 높고 푸른 가을 하늘 풍요로움에 풍성함은 일을 아무리 하여도 고됨도 잊고 배고픔도 잊어버리고 낮의 짧음에 비해 일은 많이 함을 알 수 있다.

우리의 농촌말, 즉 시골말중에 우리말의 뿌리가 있음에도 불구하고 새로 개발되는 농기구에는 으례이 외래어가 붙어있으니 말이다. 이러다가는 우리의 농사용어가 사라지고 외래어가 판을 칠 것이 아니겠는가? 이런데 어찌 10월을 문화의 달이라 하겠는가? 우리의 민속놀이를 보면 농촌에서 하는 놀이가 대다수인 것이다. 우리 고유의 노동요도 거의가 농촌에서 불러지는 노래인 것이다. 그런데 어찌해서 한글날은 푸대접 받다가 공휴일에서 제외되었다.

우리나라가 세계에 자랑할 수 있는 것이라면 수많은 문화유적과 유물도 있지마는 그 무엇보다도 사계절이 뚜렷하고 기름진 우리의 국토와 우리의 독특한 말인 한글이야말로 세계 어디에서나 최고라 할 수 있겠다. 그래서 우리는 아름다운 금수강산 기름진 옥토에서 살기 좋은 나라를 이룩한 것이 아닐까? 찬 이슬 머금으며 세차게 울어대던 풀벌레도 무서리가 내리면 숨을 죽이다가 된서리가 내리면 사라져 가고 단풍은 곱게 물들어가다가 찬바람에 낙엽 되어 떨어지면서 가을도 서서히 지나가기도 한다.

들판의 곡식들도 하나, 둘 사라져가고 텅 빈 들판에서 미처 거두지 못한 농작물들을 지키고 춤추다만 허수아비도 넋 잃은 듯 빈 들판에 버티다가 가을이 가는 10월인가 보다.

가을을 보내고 겨울 준비에 바쁜 11월

풍요로움이 가고 겨울 준비에 바쁜 11월이다. 무서리가 내리다 말고 새하얀 된서리가 밤마다 내리는 달이다. 중부지방은 10월 중순에 단풍이 제일 곱게 들지만, 남부지방은 10월 하순 아니면 11월 초가 단풍이 제일 곱게 든다.

곱디고운 단풍잎이 하룻밤 몹쓸 된서리에 낙엽되어 뚝뚝 떨어지는가 하면 떨어진 낙엽이 찬바람에 뒹구는 소리에 겨울이 성큼 다가옴을 느낄 수 있다.

풍요와 결실을 맞는 10월은 바쁘지만 그래도 수확의 기쁨에 행복감을 느끼는 달이기도 하다. 올해는 비가 전국을 돌아다니면서 집중적으로 내려 많은 피해를 내는 일이 많았나 보다.

올 여름의 잦은 비와 냉해가 계속되더니 지리산 주위의 폭우, 중부지방의 폭우, 경북 북부지방에 폭우가 쏟아졌는데 우리 지방은 잘 비껴가는가 했는데 뜻하지 않게 풍년을 눈앞에 둔 9월 30일 태풍 예니호의 급습으로 우리 마을을 중심으로 비가 얼마나 쏟아부었는지 곳곳에 산사태가 나서 단단하던 제방뚝이 무너지는가 하면 황금물결이 이는 들판이 황폐화된 것이었다. 아예 논이 깎여나가 벼가 없어졌다. 그런 가운데서도 가을은 오고 가는 것이다.

산골짜기 마을들은 산사태가 나면 완전 황폐화가 되는 만큼

집을 짓되 산밑과 냇가에는 짓지 말아야 한다. 그래서 이번 겨울은 그 어느 해보다 더 춥지 않나 생각된다.

이 지방은 지금까지 홍수, 태풍 이야기만 나오면 1959년도에 있었던 사라호를 생각했는데 이번 태풍 예니가 더 많은 비로 피해를 내었나 보다. 나이 90이 된 사람도 이렇게 많은 비가 내린 것은 보지 못했다고 하였다.

우리 마을은 비가 아무리 와도 안전하다 했는데 이번 비에는 맥을 못 춘 것 같았다. 그렇게 피해가 많은 것은 무엇보다도 산사태인 것이다. 그런가 하면 산사태가 산 아래 많이 나는데 이번에는 산 정상 부분에서 일어나니 아무도 예상을 못했다. 그런데 다 같은 지역이라도 이웃 마을은 피해가 적은 것을 보면 비가 한 곳에 집중적으로 내려 피해를 많이 냈다고 볼 수 있다. 이런 가운데서도 한 알의 벼알이라도 소중하게 여겨 묻힌 벼를 헤쳐 베어내는 농부의 마음은 어떠하겠는가. 그래도 절대 실망하지 않고 다음 해를 기약해야 하는 것이다.

바로 그런 희망을 주는 달이 11월인 것이다. 온 들판이 태풍예니로 인해 황폐화가 되었다 해도 산의 단풍은 곱게 물들고 있는데 수확할 것을 거두면서 작은 기쁨을 갖기도 한다.

온 들판은 점점 비어가는데 보리와 밀, 마늘, 양파를 심는 것을 볼 수 있는데 가을은 가고 겨울이 오고 있음을 알 수 있다. 입동이 지나면 거리에 뒹구는 것은 낙엽이고 부는 것은 찬바람인 것이다. 겨울이 오면 무엇보다도 우리 조상들이 살아온 지혜가 얼마나 우수한가를 알 수 있다. 어려운 경제 속에 살고 있는 현재의 우리들이 본받아야 할 것이 한두 가지가 아니다.

예전에는 오늘날 외국에서 들여오는 종이의 원료인 펄프 대신

닥종이를 많이 사용했다. 그림을 그리는 물감도 화학제품이 아닌 자연 속의 풀, 나무, 흙에서 나오는 물감을 이용한 것만 보아도 알 수 있다. 어려운 경제라지만 조상의 지혜와 슬기만 본받는다면 충분히 이겨낼 수 있다. 식량도 노는 땅 없이 논밭에 보리, 밀을 갈아 겨울의 깡마른 대지에 신선한 공기인 산소를 많이 공급해 주도록 하는 것도 좋을 것이다. 그리고 겨울 준비하는 것 중에 김장도 빼놓을 수 없다. 또한 추수를 다 끝내고 나면 음력 10월에는 묘제를 또한 많이 지내는데 이것도 시대의 변화에 따라 많이 변모해 가고 있는 것을 볼 수 있다. 소설에 눈이 내리는 것을 보는 것은 극히 드물다.

옛날에는 김장도 하고 메주를 쑤고 묘제를 지내면 겨울준비가 끝나는 줄 아는데 그뿐만 아니라 지금은 옛날 이야기처럼 여기는 나무하기가 사라져 가는데 그것은 다름 아닌 농촌주택개량으로 가스렌지 보급과 기름보일러 때문이다. 그래도 우리의 전통한식의 방구들의 흙내음이 좋은 것인데 지금은 민속마을 전통가옥에서나 볼 수 있다. 이 모든 것은 우리의 풍토와 우리 민족에 알맞게 만들어 낸 것인 만큼 무조건 외국 것만 좋아하지 말고 우리 것의 좋은 것도 찾고 이어나감도 좋은 것이라고 생각한다.

한 해를 마무리하는 12월

한해가 다 가는 매우 추운 겨울을 맞는 달이다. 앙상한 나뭇가지에 걸려있는 햇살 마디가 아스라하게 느껴지는 추운 겨울이다. 동짓달 긴긴밤 산짐승의 울음소리와 부엉이 울음소리에 무서워하면서 초가집 방안 아랫목 화로불가에 모여 앉아 할머니께서 들려주는 옛이야기에 밤 긴 줄 모르게 지냈다. 겨울 준비하느라 새끼 꼬기, 이엉 엮기에 바쁜 나머지 땔나무 하기에도 열을 올렸으나 지금은 나일론끈 때문에 새끼가 사라지고 피피포대에 가마니가 사라지고 기름보일러와 가스렌지에 주택개량으로 땔나무하는 일이 없어져 가고 있으니 우리 농촌도 많이 변한 것이다.

80년대까지만 해도 농촌과 도시는 구분이 되다시피 했는데 지금은 도시와 농촌이 구분 없이 되다시피 한다. 옛날에는 농사짓는 사람은 죽으나 사나 농촌에서 농사를 짓고 살았는데 그때는 곡물값과 가축의 값이 좋아서 살아가는데 어려움이 없었으나 지금은 농산물값과 가축 값이 형편없는 값이라 농사만 믿고는 살기 어렵다고 농사도 짓고 돈벌이에도 바삐 움직여야 한다.

예전의 겨울 들판은 파아란 보리와 밀밭이 주를 이루었으나 요즈음은 하얀 비닐이 덮여야 잘산다는 농촌인 것이다. 올해는 곱게 단풍이 들 무렵 태풍 예니호의 기습과 가을장마로 인해 단풍이 들다 늦어지더니 갑자기 닥친 추위로 곱디고운 단풍이 들기도 전에 낙엽 되어 떨어지고 말았다.

12월 하면은 한 해가 마지막 가는 달과 긴긴 밤에 세차게 휘몰아치는 찬바람에 휘청거리는 앙상한 나뭇가지 사이로 싸늘하게 비치는 햇살에 진정 겨울을 느낄 수 있다. 대설에 눈이 많이 온다지만 눈구경하기는 어렵고 일 년 중 해가 가장 짧고 밤이 가장 길다는 동지가 지나면서 눈다운 눈을 볼 수 있다. 행정당국에서 보리, 밀을 권장만 하여 준다면 재배면적은 얼마든지 늘어날 것으로 본다. 권장을 조금도 하지 않다 보니 밭에도 보리재배를 안 할 뿐 아니라 논에는 아예 재배를 하지 않은 텅빈 들판이 되고만 것이다.

보리, 밀재배를 많이 함에 깡마른 대지에 푸르름에 맑은 공기를 공급해 줄뿐만 아니라 식량자급자족에도 한몫할 것이다. 그리고 사계절을 지내는 작물—겨울을 내는 보리와 밀은 쌀과 더불어 우리의 주작물이었으나 보리는 재배면적이 줄어 이제는 주작물이 아니라 건강식품으로 되었고 밀은 아예 멸종위기에 있어 밀가루는 수입산이 대부분을 차지하고 있다. 경제 한파에 태풍과 수해로 인해 추운 겨울이 더 길게만 느껴지는 연말, 무엇으로 우리 농민에게 힘과 용기를 주어야 할까 망설여지기도 한다.

농촌의 주택은 많이 개량되어 편리하지만 그만큼 우리 고유의 전통을 간직한 한옥이 줄어들고 땔나무를 하지 않으므로 해서 산의 나무는 솎아내기를 하지 못해 예전보다 더 쓸모없는 나무가 더 많음을 볼 수 있다. 나무꾼은 산의 안내자이다.

한겨울 산에서 피어나는 진달래를 보는 것도 나뭇꾼들이다. 진달래는 본래 3월 말에서 4월 초에 피는 것이지만 날씨가 따뜻하면은 12월에도 피는 것을 간혹 볼 수 있다. 우리나라 정책 중에서 가장 갈팡질팡하는 것이 농사정책과 교육정책이다. 정권이 바뀔 때마다, 아니 장관이 바뀔 때마다 바뀌니 어디 농사짓는 사람들이 누굴 믿고 살아야 하는지 부디 한 번 정한 것은 오래도록 변하지 않도록 해주면 어떨까 하는 바램이다. 희망을 가지고 살아도 좋을 농촌 모든 사람이 부러워할 정도의 농촌을 만들어 주었으면 하는 바램이다.

싸늘한 날씨에 꽁꽁 얼어붙은 얼음과 세차게 휘몰아치는 찬바람에 햇살은 왜 그리도 차가워 보이는지 몰라도 소나무의 푸른 기상은 더욱 청정하게 보이고 대나무의 곧은 절개와 푸르름은 오늘을 살아가는 우리 농민에게 희망을 주는 좋은 본보기가 된다.

한 해가 가는 길목에서 춥게 느껴지지만 그래도 훈훈한 인정을 주고받은 아름다운 마음을 가져야 할 것이다. 권력을 휘두르는 사람은 당대에는 잘 활용하지만 후세에까진 쓰지 못하고 재산도 많이 모으는 것이 좋지만 좋은 목적으로 모아 잘만 쓰면 후세에 길이 남을 것인 만큼 농사정책도 잘하여 후세에 길이 남도록 하여주었으면 한다.

이번 태풍 에니는 몇 백년만에 겪은 물난리인 만큼 이제는 무슨 공사를 하던지간에 몇 십년을 바라보기보다 몇 백년 아니 영원토록 하여주었으면 하는 바램이다. 이제는 무엇이든지 믿고 살아가도록 농업정책도 잘 세워 살기 좋은 복지농촌을 만들어 주었으면 하는 바램이다.

언제나 푸르른 소나무의 기상처럼 말이다. 한 해가 가는 마지막 달이다.

5부

변함없는 한글친구가 되어주시길 기도합니다

—정의순(베드로) 수녀 편지 모음

정의순(베드로) 수녀

1923년 충남 논산 출생으로 동국대학교 국어국문학과를 졸업하다. 경주 월성초등 교사를 시작으로 마산 성지여고 교사, 부산 데레사여고와 근화여고 교장을 지냈다. 퇴임한 뒤 샬트르 성바오로 수녀원 도서관장을 지냈으며, 안나의 집에서 10여 년간 계셨다. 현재 왜관 바오로 둥지 너싱홈에서 만년을 보내고 계신다.

아버님의 생신 기도드립니다

권순채 씨

식물표본을 그렇게나 잘 만들어 주신데 대해서 우리 과학 선생님들로부터 감사와 감탄을 받았습니다. 그런데 그분들의 의견이 이렇게 애써 만든 것이니까 잘 보관됐으면 좋겠다면서 잎이 더 완전히 마를 때까지 눌러둘 것과 식물을 종이에 고정시킬 때 스카치테이프를 쓰지 말고 문종이를 쓰면 좋겠다고 합니다.

내가 잘 몰라서 스카치 테이프를 드렸던 것입니다. 문종이에 풀을 먹여 말려서 가늘게 오리는 일까지는 우리 학교에서 해서 보내드리겠습니다. 그때까지는 붙이는 일은 좀 기다려 주십시오. 아마 2~3일 내로 보내 드리게 되겠습니다.

아버님의 생신이 27일이라니 기도드리겠습니다.

1985년 6월 21일

마음이 하늘만큼입니다

기쁨의 성탄을 맞이하여 축복 받으시옵고 희망의 새해에 복 많으시라 빕니다. 지난해 우리가 한마음 한뜻으로 산과 들을 누비고 다닌 일을 기뻐하고 축복있으라 빕니다.

돌아가신 아버님, 그리고 어머님, 또 가장 소중하신 분, 유들이, 유름이 위에 축복을 그리고 우리 한글에 영광을 비는 마음 하늘만큼입니다.

1987년 12월 23일

▲근화여고 교장실에서 정의순 교장 수녀님과 함께(1985. 11. 14)

▲근화여고 원예반 학생들과 함께 식물채집 종합전시회장에서(1985. 11. 14)

앞으로도 다정한 친구로 지내기를 바랍니다

권순채 씨

그간 평안하셨습니까? 봄이 올 듯 올 듯하면서도 아직도 바람이 매섭습니다. 요사이 집안의 어머님과 아이들과 아이들 엄마도 평안하십니까?

나는 이곳에 와서 며칠 동안 조용히 쉬었습니다. 아직 짐을 못 풀어서 지명조사 마지막 사진 몫을 아직도 정리 못 하고 있어요. 나는 경주에 있는 동안에 권순채 씨를 만나게 된 것을 하느님께 감사하고 있습니다. 우리말을 사랑하고, 우리 겨레를 사랑하고, 우리의 생활을 사랑하면서 앞으로도 다정한 친구로 지내기를 바랍니다. 나는 권순채 씨에게 해 준 것이 없지만, 신세를 많이 진 것 때문에 고마와 잊지 못합니다. 권순채 씨도 앞으로 갈 길을 잘 연구하세요. 아이들이 점점 커가니 부채가 많겠지요. 내가 그런데 무능하여 못 도와드리니 참 유감입니다. 늘 기도하겠고 그런 소식이 있으면 알려드릴게요.

언제 한 번 대구에 오시지 않겠어요? 3월 13일 하고 4월 1일은 피하고 오세요. 이날은 면회가 허락되지 않습니다.

괴로운 일 모두 하느님께 호소하세요. 나는 늘 권순채 씨와 가정을 위하여 기도합니다.

1988년 3월 4일

하루를 함께 얘기하고 지내야겠어요

유들 엄마

편지 주셔서 고맙습니다. 27일에 오시겠다고요. 물론 대환영입니다. 이 더운 때 농사일로 바쁜데 여기까지 찾아오시겠다니 고마운 마음 이루 다 할 수 없습니다.

나는 아직까지도 하던 일을 못 끝냈어요. 그간 우리 동생이 세상을 떠났어요. 7월 16일이었지요. 내가 급히 서울 가서 장례식에 참례하고 왔습니다. 그러느라고 일을 더 못했어요. 그러나 이 일을 다 하려면 아직도 여러 날 걸릴 것 같으니 하루를 함께 얘기하고 지내야겠어요. 권순채 씨는 글을 부탁받아 지명조사한 글을 쓰신다니 기쁩니다.

오시면 그간 밀린 얘기를 나눕시다. 어머님께도 문안드려주세요. 이 7월에 아마 어머님 생신이 들었지요? 축하드려 주세요.

열심히 열심히 사시는 유들 엄마를 우리 하느님과 성모 마리아 앞에서 날마다 생각합니다.

만날 날을 기다리면서 이만합니다.

1988년 7월 23일

그 정, 참말 무어라 말하겠습니까?

유들이 아빠, 엄마 편지 감사합니다.

장마가 걷히니 이마가 벗겨질 듯 한 불볕더위네요. 이 더위가 벼를 잘 키워준다고 생각하니 기쁠 따름입니다. 집의 농사도 잘 되겠지요.

그 더위에 아이를 업고 집에서 손수 가꾼 찰옥수수를 한 짐 들고 찾아오시니 그 정을 참말 무어라 말하겠습니까? 만나는 자리도 불편하고 아기를 내려 놓을 자리도 마땅치가 못해 참말 미안했어요. 늘 모든 것을 좋게만 보아 주시고 고생되는 것을 헤아리지 않으시니 참말 그 착하신 마음을 우리 하느님께 드렸어요.

슬라이드가 다 됐다고요. 두 벌을 하셨나요? 한 벌만 하셨다면 권순채 씨가 가지셔요. 그게 다음에 무슨 발표를 할 때에도 쓰이고 더 낫습니다. 나는 발표도 잘 되지 않을테니 없어도 됩니다. 한 번 대구 가져오시면 한 번 비춰보고 서로 얘기 나눌 수 있어 좋겠습니다. 언제 기회 있을 때 말입니다.

그 후에 월성인쇄소(그때 같이 갔던) 주인을 만나서 얘기 나눴더니 돈이 그 배는 들게 나옵디다. 아마 이 주인 말이 맞는 게 아닌가 싶어요. 어떻든 글씨를 잘 쓴다면 그냥 넣어도 되니까 지난번만큼 일 겁니다. 그래도 그림이라도 넣어야 될 테니까 새로 해봐야겠지요.

어머님과 아이들 그리고 두 분 모두 평안하시기 바랍니다.

1988년 8월 5일

책을 내는 방향으로 도움을 구하세요

권순채 씨

편지 잘 받았습니다. 가을 추수가 다 끝나셨다니 좀 여유가 있으시겠네요. 유들이, 유름이 잘 놀겠지요.

신라문화동인회의 천고는 전에 한 번 보내주었기에 읽어보았는데 기사들이 좋던데요. 제 것까지 받아놓으셨다니 감사합니다. 앞으로도 계속 제 것을 좀 받아주세요. 경북일보에는 이미 기사가 나갔습니까? 그렇다면 잘 됐습니다. 좋은 반응을 가져올 것입니다. 김석호 씨가 참 고마우신 분이에요. 책을 내는 방향으로 도움을 구하세요. 그분께서도 관심이 많으실 것입니다.

도진방 갈미봉 동굴은 어떻습디까? 누구하고 동행하셨습니까? 그때 동국대학교에서 간다는 그이들이 함께 갔던가요? 저도 언젠가 가보고 싶은 생각입니다. 권순채 씨가 좀 도와주세요.

나는 11월 9일까지 이곳에 있고, 10~11일 이틀 동안 대전에 있는 도서관대회에 갔다 올 예정입니다. 그 후는 대체로 여기 있을 것인데, 오시는 날에는 미리 연락주세요. 어머님께도 아이들 엄마에게 인사 전해주세요.

1988년 11월 5일

성모님께 날마다 기도합니다

권순채 씨

오늘 전화를 걸었더니 들에 나가시고 어머님께서 받으셨습니다. 당분간 바쁘시겠으니 좀 쉬도록 하는 것이 좋겠습니다.

한글학회에서 1978년에 만들어낸 16권짜리 『한국지명총람』을 전부터 제가 갖고 있었는데 그걸 잘 읽어보지 않고 있었는데 이번에 좀 보았더니 경주시나 월성군에 대해 조사가 많이 돼 있네요. 우리가 한 것은 더 자세한 데까지도 했지만, 여기도 상당히 해 놓았어요. 그리고 우리가 조사한 것을 어떻게 정리할까도 더 생각해야겠어요. 복사해서 보내 드리니 틈틈이 읽어보세요.

지난번에 유들 엄마가 어머니날이라고 그렇게 맘 써주신 걸 어떻게 감사해야 할지 모르겠어요. 어린이날인데 유들이, 유름이 위해서 아무것도 못 했네요. 5월 한 달 늘 이들이 생각이 나요. 기도합니다.

지난번에 최철환 씨와 만나게 된 것은 기쁜 일이었습니다. 우리 연구를 부록에 싣겠다는 것이 권순채 씨의 의도였었는데 집에 와서 생각해 보니 내가 말을 하다 보니 싣지 않게 된 것이었습니다. 권순채 씨가 섭섭했을 것이 아닌가 합니다. 그 분 말씀에 "아직 원고가 안 됐다면 다음에 하시지요."하시는 바람에 그 분들께 폐가 돼서야 되겠나 하는 생각이었습니다.

내남 특히 둥굴, 그리고 남산 것은 어떻게든 잘 정리해봅시다. 섣불리 내보았자 공연한 짓이고 좀 사람들의 마음 끌게 해서 원고만 잘 정리되면 매력을 얻어 책내기는 될 것이라 봅니다. 출판사에 전적으로 맡겨도 되니까요. 먼저 해 놓은 것들과 거의 같아서야 별 의미가 없으니까요.

농사 잘되기를 그리고 집안이 다 편안하시고 즐겁기를 늘 기도하고 있습니다. 유들 엄마에게 특별히 성모님께 날마다 기도하고 있다고 전해주세요.

농사일이 덜 바빠지면 가면 될 때쯤에 통지주세요.

1989년 5월 15일

늘 생각하고 있습니다

권순채 씨

왁짝 더워졌네요. 농사일은 잘 돼 가는지요. 그리고 소 외양간은 다 지어졌습니까? 그러면서도 꾸준히 향토조사의 일을 계속하고 계실 줄 믿습니다.

어머님이 편안하시고 또 유들이, 유름이도 많이 컸겠어요. 그리고 유들이 엄마도 건강한지요. 늘 생각나고 있습니다. 제법 오랫 동안 만날 기회가 잘 없겠지만, 생각만은 늘 있지요.

이번에 제게 걱정거리가 생겨서 권순채 씨한테 좀 의논을 드리고 싶습니다. 아무 부담 없이 생각하세요.

허종진 씨가 지금 대단히 몸이 안 좋아서 벌써 두 달째 휴직을 했어요. 그런데 더 안 좋아서 메디칼센터에 입원을 했다고 한 열흘 전에 소식이 있었습니다. 간이 나쁘다는데 병명은 아직 모르겠다고 병원 측에서 말한대요. 병명도 모르고 입원실도 시끄럽고 마음에 안 들어 집에 나와서 쉬겠다고 생각한대요. 그 부인이 전화 걸어 왔었는데 내가 "암이 아닌가"하고 물으니 그건 아니라고 한대요. 그러면 다행이라고 했어요. 그이가 너무 일에 골몰했기 때문에 어딘가 고장이 나기는 났겠어요.

내가 생각건대 그가 병원에서 퇴원하여 집에 있으면 잘 쉬어질까 의심입니다. 몸뿐 아니라 마음으로도 괴로움이 많아요. 이것은 그이들하고 의논한 것이 아니고 순전히 내 생각인데 어디 시골에 부인이 따라가서(요새 방학이니까) 한 얼마 동안이라도 조용히 지낼 수 있다면 그게 좋은 일이 아닐까 싶어요.

그분들한테 말하면 찬성할지 안 할지 모르지만 어떻든 내 생각이어요. 권순채 씨네 집에 방이 있으면 좀 이분들에게 빌려주실 수 있으실지요? 권순채 씨에게 있다면 그분들도 마음 놓이고 또 즐겁기도 할 게 아닌가 싶어요. 물론 방세나 그런 걸 다 내야지요. 권순채 씨도 어머님이나 유들 엄마하고 의논하셔야죠. 그래서 좋으시다면 말입니다. 안 된다 해도 조금도 걱정마세요. 형편이 허락하시면 해주시고 무언가 조금이라도 사정이 계시면 마음 놓고 안 된다고 해주세요. 우리는 서로 믿는 사이니까. 늘 서로를 생각해주고 있다는 것을 서로 알고 있는 처지가 아닙니까.

한글에 대하여 성의가 크고 세상 사람의 행복을 위해 일하고 싶어 하는 간절한 원을 가진 사람이 저렇게 병이 중하니 마음에 근심이 큽니다.

편안하시길 빌며 이만 그칩니다.

1989년 7월 19일

젊은이들이 좀 더 차분하면 좋겠어요

권순채 씨

보내주신 편지 반갑고 기쁜 마음으로 읽었습니다. 그렇게나 바쁘시고 몸도 고단하신데 허종진 씨에게 편지를 보내주시겠다고 하시어 언제나 제게 고맙게 해주시는 줄이야 알고 있습니다만 더욱 감격스러웠습니다.

오늘 전화로 허종진 씨에게 "시골 가서 쉬는 게 좋지 않겠느냐, 권순채 씨에게 내가 청을 했더니 걱정스러워 하시면서 방이 좁고 허술하지만 오시라고 하시더라."고 물었더니 권순채 씨의 마음 쓰심에 감동하면서 감사의 말씀을 꼭 좀 전해달라고 하시고, 그러나 집에서 쉬어야겠다고 해요. 그 바쁘신데 자기에게 신경 쓰게 될 거고 자기의 형편이 집을 지키고 있어야 할 처지라고 부인도 드문드문 학교에 나갈 일이 있고 하니, 대단히 감사하나 집에 다 있어야 한다고 말합니다.

권순채 씨도 너무 무리하게 일 많이 하지 마세요. 유들이 엄마도 할머니도 너무 과로하지 마시기 바랍니다. 바쁜 일 끝에는 좀 쉬도록 하시고요. 유들이, 유름이 한창 뛰놀 때지요. 두 아들의 반짝이는 눈, 아마 산삼을 먹어서 그렇지요?

영리할 거예요. 어릴 때부터 맘껏 하는 반면에 어른의 말씀을 잘 알아듣고 그 뜻을 존중하는 일이 몸에 배이면 우리의 좋은 전통을 몸소 지니고 활발한 진취성을 가지고 전진할 수 있을 거예요. 요즘의 우리나라를 걱정합니다. 젊은이들이 좀 더 차분하면 좋겠어요. 하기야 어른들도 그런 사람이야 있습니다만 어떻든 정의가 서고 법질서가 서는 나라로 만들기 위해 누구의 탓도 할 것 없이 모두가 진통을 겪는 건가 봐요.

어머님께서 이 더위에 일 거두시느라 힘쓰시겠고 유들 엄마도 애 많이 쓰시겠네요.

허종진 씨가 고마우신 권순채 씨네 아이들과 가족 모두가 평안하시기를 또 농사가 잘 되시기를 기원한대요.

비가 많이 와서 전라도 쪽으로는 피해가 심한가 봐요. 수해는 없는지요. 모두 모두 평안하시기 빕니다. 소개해 주신 책은 경주에서만 파나요. 나도 책방에 가면 한 번 찾아볼까는 합니다.

1989년 7월 27일

넉넉한 마음이 세상 헤쳐 나갈 밑천이지요

권순채 씨

무사히 들어가셨으리라 믿습니다. 오랫동안 못 만났던 것을 더운 날임에도 아이들과 아이 엄마 다 해서 함께 와 주시니 기쁨과 감사뿐입니다.

아이들의 천진난만히 뛰노는 모습을 다시 접했을 때 하느님의 은혜를 뭉클 생각하게 되었지요. 옥수수 그 귀한 선물은 우리 수녀님들과 함께 나눠 먹었습니다. 새벽에 일어나 쪄서 그 무거운 것을 들고 와주신 수고도 그렇거니와 멀리 강원도 친정선물이라는데 더욱 모두 감격해 했습니다. 문깐 수녀님이랑 또 지나가다가 보신 분들이 유들이, 유름이 고 귀여운 모습을 화제 삼으니 내가 복이라고 생각이 들었어요. 건강하게 그리고 바르게 그리고 앞길을 훌륭히 닦는 사람으로 커나가기를 기도합니다.

수녀원이란 데가 구속이 많은 데가 되어놔서 영 불편하게 해드렸어요. 저도 재치가 없어 그날 고생만 시켰습니다. 용서하세요. 부지런히 일하시고 머리도 쓰셔서 살림을 튼튼히 가꾸시고 또 지명조사 등 향토의 일에 계속 즐거움을 가지시고 이 겨레를 위하여 무언가 도움될 일을 남이야 알아주건 말건 힘씁시다. 그게 다 내 자식을 위한 거고 나 자신을 위한 것이 아니겠습니까.

유들이 엄마의 기막힌 마음씀에 언제나 고마움으로 가득 차 있습니다. 비단 같은 그 마음이 이 세상 생활을 헤쳐 나갈 밑천이지요. 가족을 위한 사랑은 온 세상에 대한 사랑이고 그 노력은 참말 세상의 보배입니다.

할머님께 문안드려 주세요.

어제 보내 놓고 눈에 가물가물 오늘까지도 보이는 듯해 편지 한 장 썼어요.

1989년 8월 11일

그날 너무 섭섭하게 헤어졌어요

권순채 씨

성탄의 기쁨을 보내드립니다.

지난번에 찾아 주셔서 감사합니다. 그날 너무 섭섭하게 헤어졌어요. 집안에 행복이 가득하시기를…….

지명조사가 지난해에는 중단된 상태입니다만 앞으로 기회가 되면 또 하도록 합시다. 새해에는 아이들도 더 잘 크고 할머님께서 근력이 증진하시기를 빕니다.

1989년 12월 21일

한글날 되찾기를 다짐했습니다

권순채 씨

이번에 한글학회 총회에 다녀왔습니다. 한글날 되찾기를 다짐했습니다. 서명운동은 전에 양식대로 더 해주시면 물론 좋고 그 외에 "한글 문화단체 모두 모임"에서 문공부 장관에게 편지 보내기 운동을 한다고 인쇄물을 나눠주었어요.

권순채 씨도 물론 협조하시기를 원하시겠다고 생각이 나서 보내드립니다. 하는 취지와 방법은 이 안에 든 유인물에 기록되어 있습니다. 읽어 보시면 알게 되십니다. 하나는 권순채 씨가 하시고 나머지는 그럴만한 분에게 하시도록 해주시면 좋겠습니다. 가능하시다면 더 복사하시어 더 많은 사람의 협조를 얻으시면 더 힘이 있겠습니다.

『경주와 실크로드』, 『향토문화』 창간호를 읽고 있습니다. 감사합니다. 그리고 여기 동봉한 한글학회 연구발표회 발표용지도 동봉하였으니 참고로 보내드리는 것입니다.

어머님과 유들이, 유름이와 그 어머니께 인사드립니다. 다시 만날 때까지 편안하시기를.

1991년 3월 26일

잠깐 청할 것이 있어 붓을 들었습니다

권순채 씨

안녕하십니까. 할머님도 유들이 엄마도 편안하신가요? 아이들 방학도 거의 다 되었네요. 나는 18일부터 27일까지 여행을 마치고 돌아왔습니다. 잠깐 청할 것이 있어 붓을 들었습니다.

지금도 산삼 한 뿌리 구해주실 수 있는가요. 내가 전의 그 산삼 얘기를 했고 두 아이(유들이, 유름이)가 먹고 퍽 좋은 것 같더라는 얘기를 했더니 원하는 사람이 있는데 가능한지요? 값은 얼마나 하는지요.

방학 끝나기 전에 한 번 놀러 안 오시렵니까? 말씀드리고 보니 구정이 있어서 안 되겠군요. 집안의 손님도 계시겠고 교통도 복잡할 테니 말입니다.

평안하시기 빌며 이만 그칩니다.

산삼의 일은 되는대로 좀 알려주시면 좋겠어요.

1992년 1월 31일

수녀 할머니는 늘 기도하고 있어요

권유들, 유름 앞

유들이, 유름이 잘 있는가? 크리스마스의 기쁜 때가 왔지. 이제 방학도 될 거고. 유들이는 몸이 튼튼한가. 유름이도 밥을 잘 먹고 규칙을 잘 지키도록 하기 바란다.

할머님, 아버지, 어머니 말씀 잘 듣고 새해 더욱 훌륭한 사람이 되기를 수녀 할머니는 늘 기도하고 있어요.

1992년 12월 15일

높은 마을 가지신 권순채 씨는 행복하십니다

권순채 씨

새해 집안 모두 가득한 희망으로 새 출발을 하셨지요. 할머님께서 근력이 좋으십니까. 유들이는 3학년이 되겠네요. 유름이도 학교에 아마 가게 되는 게 아닌가요. 아이들은 잘도 크지요?

부담 없이 좀 문의하겠는데 산삼이 될 수 있겠는지요? 저의 동생한테 전에 그 말을 하였더니 구해달라 하였던 건데 이번 편지에 물어 왔기에 한 번 말씀 여쭤보는 겁니다. 대답 주시면 감사하겠습니다. 물론 전과 같은 값이 아닐 줄을 알고 있습니다. 남이 하는 대로 분명히 말씀해 주시면 서로 편리하겠다고 생각합니다.

『우리말 우리글』 3이 나와 보내드립니다. 한글 사랑에 대한 우리의 마음을 다집시다. 이 책 100페이지부터 104페이지까지 저의 글이 실려 있습니다. 읽어 주시면 감사하겠습니다.

《한글새소식》 12월호 244호에 권순채 씨 글 멋졌어요. 많은 이들에게 깨달음과 감명을 줄 것입니다. 이름 앞에 '농부'란 말씀도 한결 돋보였습니다. 이렇게 높은 마음을 가지신 권순채 씨는 행복하십니다. 새해 가정에 특히 유들이 엄마에게 기쁨이 많으시라 빕니다.

1993년 1월 5일

그렇게 늘 기억해 주시니 감사합니다

권순채 씨

어제 편지 받았습니다. 지도들을 보내주셔서 좋아했습니다. 18일을 그렇게 늘 기억해 주시니 감사합니다. 이곳에 모두 오시면 그것도 좋은데 제가 여기서 대접을 해 드릴수가 있어야죠. 그래서 역시 제가 그쪽으로 가야겠는데 저의 할머님 산소에 오래 안 가보았고 벌초를 경주에 계신 분께 늘 부탁을 드리곤 했는데 그분이 연세가 많으셔서 어찌 됐는지 궁금하니 그날 일찍 가서 할머님 산소에 갔다가 내남으로 가겠습니다.

점심 전에는 들어가도록 하지요. 산소는 백률사 뒤쪽 산 화장터 있는데서 조금만 올라가면 있으니 시간을 많이 먹지는 않을 겁니다. 유들이 엄마는 친정에 있습니까? 산삼을 그때 얼른 샀더라면 좋을 것을 멍청하게 있다가 이제사 귀찮게 해드리네요. 너무 부담삼지 마시고 되면 해주세요.

만나서 또 얘기 많이 하지요. 어머님께 인사드려 주세요.

1993년 1월 14일

우리 집에 복을 가득 실어다 주고 있어요

권순채 씨

그간 안녕하셨습니까? 유들이는 개학을 했겠지요. 겨울이 요즘은 따뜻한 날이 계속되네요. 권순채 씨가 주신 지게가 윷 가래를 짊어지고 우리 집에 복을 가득히 실어다 주고 있어요.

얼마 전에 부산에서 하고 있는 우리말 바로 쓰기 모임에서 우리말 바로 쓰기 쪽지가 왔어요. 김정섭 씨가 있는 힘을 다해 헌신하고 계시는데 이 모임도 점점 뿌리가 깊이 뻗어가는 느낌이어요. '겨레말 찾아 쓰기'가 점점 우리 호흡에 더 맞아지는 것 같이 생각이 드네요. 한 부를 보내드립니다.

1993년 2월 13일

그 노력이 좋아서 오래 간직하겠어요

유들아, 사랑하는 유들아

편지 써보내 주었구나. 고마워요. 언제나 잘 있을 줄로 알고 있는데 지난 6월에 유름이 하고 차에 다쳤다지? 아이고, 겁나요. 이젠 나아졌다는 소식을 아빠가 전해주셨지요.

얼마나 우리 성모님께 감사드렸는지 몰라요. 조심하세요. 나는 유름이와 유들이를 성모님께 맡겨드리고 착하고 씩씩하도록 해주시라고 기도를 늘 하고 있는데 성모님께서 도와주셨을 거예요. 엄마와 아빠와 할머님께서 얼마나 걱정하셨을지?

편지를 썩 잘 썼어요. 이렇게 버젓하게 편지 쓸 만큼 되었으니 엄마, 아빠와 할머님께서 믿을만한 자식이라고 걱정이 없으시겠네. 더 잘 하도록 날마다 힘써요. 봉투의 글자를 잘 쓰느라고 몇 번이나 지우고 다시 썼네. 그 노력이 좋아서 내가 이 봉투와 편지를 오래 간직하겠어요. 고맙다. 할 말이 많은데 만나서 하기로 하고 이만.

1993년 7월 4일

결국 붓을 들게 됐어요

권순채 씨

오랜만에 붓을 드네요. 크리스마스가 오고 새해가 오니 결국 붓을 들게 됐어요.

유들이는 중학생이고 제법 의젓해졌겠지요. 유름이도 이젠 다 컸겠지요. 할머님께서 근력이 어떠하신지요? 농사짓고 집안일 돌보시느라 일이 많으시겠지요. 요 몇 년 동안 아마 변화가 많으신 게 아닌가 합니다. 유들이 엄마는 건강이 좋은가요. 차츰 중년이 되어 갈 모습을 상상하게 되네요. 언젠가 유들이 엄마한테 전화가 왔었다는데 내가 다시 걸려다가 잊어버려 못 걸었습니다.

요즘 나라가 이처럼 팍 죽고 한글도 영어의 횡포로 밀리는 것을 생각하면 마음이 우울하지요. 그러나 그럴수록 더 힘을 내고 있습니다. 권순채 씨 같은 분이 있다는 게 그게 큰 힘이라 이런 생각을 하고 있어요.

배달겨레를 사랑하는 마음입니다. 새해 더욱 건강하시고 모든 일이 잘 되시기를 빕니다. 어머님께 인사드려 주십시오.

1997년 12월 24일

고마운 마음이 늘 내 마음에 감돌고 있다고

사랑하는 유름아

추석을 맞아 부모님, 할머님 모시고 얼마나 기쁘냐. 열심히 공부했으리라 믿는다. 이번 추석에 조그만 선물이나마 집에 보내기로 했다. 너는 손재주가 좋으니 예쁜 색종이들을 골고루 넣었다. 그리고 토막 칼, 모델링자, 막대 지우개 이런 것은 언제나 쓸 수 있는 것이니 요긴하게 써라. 네 짐 안에 흰 목수건은 할머님께, 책은 아버지, 가위는 어머니께 드려라. 나의 정의 표시니 작은 물건이나마 받아주시라고 전해주기 바란다. 그리고 언제나 나를 생각해 주셔서 고마운 마음이 늘 내 마음에 감돌고 있다고 또 이번엔 우리 할머니 묘지를 보살펴주시니 그 고마움을 이를 데 없다고……. 모든 일에 있어 열심을 다 하고 부지런하기 바란다.

1999년 9월 21일

반갑고 또 뜻 깊게 읽었어요

권순채 씨

안녕하십니까? 12월에 제가 정신을 안 차려 이제까지 구석에 묵어 있네요. 미안합니다. 한글에 대한 성의가 모자람을 스스로 꾸짖습니다. 1월 치가 마침 왔으니 함께 보내드립니다.

할머님이 편안하십니까. 유들 엄마는 이 추운 때 날마다 먼 출근에 고생이 많네요. 새해에 아이들이 더욱 정진하고 진학 등의 일에 좋은 가닥이 잡히기를 기도합니다. 권순채 씨의 글《한글새소식》1월호에서 반갑고 또 뜻깊게 읽었어요. 새해 더욱 힘씁시다.

2002년 1월 24일

값진 인생 꽃피우기를 늘 기도합니다

권순채 씨

안녕하십니까. 이번 농사가 피해가 없었습니까? 한 번 경주 간다는 게 이제까지 눌러 있네요. 어머님이 그만 하시고 유들이, 유름이 건장하겠지요. 그들이 점점 공부에 바쁘겠지요. 추워지기 전에 한 번 놀러 가겠습니다.

《한글새소식》361호에 제가 글을 보냈다고 다섯 권을 더 보내왔기에 권순채 씨에게도 여덟 권을 보내 드리겠습니다.

유름이 엄마는 아직도 부산 출근을 하고 계시나요? 유들이, 유름이가 잘 커서 값진 인생을 꽃피우기를 두 분과 함께 늘 기도합니다.

권순채 씨는 요즘《농민신문》기고는 안 하십니까? 저도 가끔

《농민신문》을 봅니다. 앞으로는 빠지지 않고 보려 하는데요.

그리고 요새 저는 '우리말 살리는 겨레모임'이라는 단체가 맹렬히 한글 운동하는 것을 알았습니다. 알고 계시는지요? 아직 모르시면 제가 경주 갈 때 거기서 나오는 잡지 《우리말 우리얼》을 가지고 가 보여 드릴게요. 제 생각에 한글학회 보다 더 낫게 하고 있다고까지 생각이 들어요.

모두 건강하시기 빕니다.

2002년 9월 26일

맛있게 잡수셨으면 좋겠습니다

권순채 님

어느덧 가을이네요. 집안 모두 다 편하신지요? 할머님의 건강은 어떠신지요. 금년 농사에 피해는 없었습니까? 농사일 하느라 세월이 얼른 가셨을 줄 믿습니다. 유들 엄마는 부산까지 날마다 그렇게 다녀도 건강이 괜찮은지? 아이들도 공부 잘 하고 있겠지요. 내가 성묘도 하고 한 번 가겠다고 생각하면서 아직도 못 가고 있네요. 한 번 가야지요.

우리 농장에 사과가 익어서 한 상자 보냅니다. 맛있게 잡수셨으면 좋겠다고 바랍니다.

집안 모두 편안하시고 아이들이 각각 자기 갈 길을 잘 잡아 피어나기를 늘 기도하고 있습니다. 안녕히 계십시오.

2002년 10월 23일

▲반구대 암각화를 돌아보고 배에서(1987. 25. 25)

감포 호동리에서(왼쪽부터 권순채, 마을 주민, 정의순 수녀, 황수영, 이미작 선생, 1987. 9. 19)▲

한글 힘 있게 외칠 수 있다는 것이 희망입니다

권순채 씨

안녕하셨습니까. 봄소식은 버얼써 왔는데도 아직도 추위는 만만치가 않네요. 집안 식구들이 다 건강하시고 앞길을 열심히 닦고 계실 줄 믿습니다.

《한글새소식》 3월호가 왔습니다. 이번호에서도 역시 우리 사회의 넉넉지 못한 한글 자리에 서 있어요. 그래도 힘차게 외치고 있는 이 점이 우리의 힘이요, 희망, 그리고 기쁨인 것이지요. 굵직한 대학생을 둘이나 거느리셨으니 힘드시겠지요. 그러나 기쁘시고 힘나시겠지요.

이번호에서는 주로 광화문 현판 얘기던데요. 이렇게 한글을 힘 있게 외칠 수 있다는 것이 희망입니다. 안녕히 계십시오.

2003년 3월

결국 그게 마땅한 길인데 말이에요

권순채 씨

안녕하세요. 요새 봄 일에 바쁘시겠네요. 우리는 부활절이 되어 기뻐하고 있습니다. 지난번에 유들이 엄마가 와 주어서 기뻐하였습니다. 날마다 직장에 나가기 바쁜데 잠깐 쉬는 날에 나를 찾아주니 고맙기 그지없습니다.

한글날이 국경일이 된 것 지난호에 잘 나왔었지요! 얼마나 얼마나 오래고 질긴 싸움이었나. 결국 그게 마땅한 길인데 말이에요.

권순채 씨의 《외솔회》에 실린 글 잘 읽었습니다. 아직도 우리 사회는 한글 쓰기의 제 모습을 세우기가 멀었습니다만 그래도 한층은 올려놓았으니 기배합니다.

아이들도 둘이 다 새 일들을 마련하여 바쁘겠습니다. 집안의 모두를 위해 기도합니다. 안녕히 계십시오.

2003년 4월 23일

그 정성에 감사했습니다

원옥자 님

안녕하십니까. 날씨가 더워져 한 여름이네요. 불경기 시대에 식당일이 제대로 돼 나가는지요. 오랜만에 만나보니 반가운 마음이 더 했습니다. 가실 때 차를 태워 드리지 못해 마음이 아팠어요. 건강하시고 힘든 일에도 굴하지 않고 뚫고 나가시니 다행입니다.

여름날 더위에 권순채 씨는 땡볕에 일하시는 날이 많겠네요. 그래도 유기농업으로 일관하시니 먹고 사는 이 국민을 위해 자랑스러운 일입니다. 자연과 더불어 생활하시는 분답게 자연식품을 선물 주셔서 우리 수녀님들이 기쁘게 맛있게 먹었습니다. 그리고 빵을 만드신 솜씨가 좋으시어 모두 특별히 칭찬했고 만드신 솜씨와 그 정성에 감사했습니다.

유들이, 유름이가 이제 키가 훌쩍 큰 모습으로 상상이 되네요. 언젠가 여가가 나면 한 번 가고 싶은 마음인데, 아마 내년쯤은 될까 생각이 듭니다.

여름날에 모두 건강에 주의하세요. 안녕히 계십시오.

2004년 6월 14일

우리는 물결을 돌려놓아야 하지 않겠습니까?

권순채 씨

찜통더위에 어떻게 지내시는지요. 유들이, 유름이도 이젠 방학했겠지요. 젊은이들은 시간이 재산이라 품은 뜻을 펴기 위해 노력하고 있겠지요.

이번 《한글새소식》에 읽을거리가 많네요. 김동소 선생님의 일본 홋카이도의 아이누족 얘기가 마음에 끌리네요. 우리가 오늘날까지 말을 빼앗기지 않았던 사실이 깊이 생각해 보면 그냥 지날 일이 아니라고 여겨져요. 이 시대에 우리말이 수난을 지독하게 당하지만 우리는 물결을 돌려놓아야 하지 않겠습니까? 우리가 더욱 분발합시다. 권순채 씨가 지금 하고 계신 우리말 사랑의 그 일들을 밝게 빛나는 광명 아래 드러내야 됩니다.

언젠가 기회는 있겠지요. 꼭 있을 겁니다. 깨어 노력하면서 놓치지 않고 꼭 붙잡을 날을 기다립니다.

유들이 엄마도 건강하십니까? 한 1주간 2주간 지나면 이 더위도 숙어지겠지요. 건강하시기 바라며 모든 가족 위해 기도하며 그칩니다.

2004년 7월 25일

그 생애가 거룩하게 드러나고 있습니다

권순채 씨

봄 되어 땅이 사람을 부르지요. 바빠지실 것 같으네요.

요즘 교황님이 돌아가셔 세상이 들썩했지요. 그분의 업적을 세상 많은 이가 칭찬하고 그 생애가 거룩하게 드러나고 있습니다.

천주교가 가르치는 하느님의 뜻을 따르고 사람을 사랑하라는 이 길을 온몸을 다 해 살다간 사람이라고 생각됩니다.

《나라 사랑》 109집에서 권순채 씨 글 읽었습니다. 토박이말 캐기는 지금 이 시대의 사람들의 중대한 과업이라고 생각합니다. 권순채 씨는 풍부한 밑천이 있으니 계속 깊이 파고들기를 바랍니다. 안녕히 계십시오.

2005년 4월 17일

하느님은 만인의 하느님이시니까요

권순채 씨, 원옥자 씨

오랜만에 붓을 듭니다. 안녕하십니까. 원옥자 씨도 건강히 일을 잘 계속하고 계신지요. 아이들이 다 컸습니다. 유들이는 대학을 졸업하는 해인가 싶네요. 사회에 나가서 버젓한 한 사람으로 서기 위해서 부모의 노고가 이루 말할 수가 없지요. 컴퓨터 공부를 했으니 어지간하면 잘 먹혀들어 갈 것 같은데요. 본인이 건강하고 알차게 그 방면의 조예를 쌓고 무엇보다도 심지가 올발라야 미덥지요. 아버지만큼 또 어머니만큼이면 끄떡없습니다. 아주 어리지도 멍청하지도 않을 만큼 되어서 뭘 좀 알게 되었을 때 사람으로서의 근본 자세가 시원치 못 하면 공든 탑도 무너지고 맙데다. 오늘날 우리나라 사회가 '정직'이 무너져 불안하니 걱정이고 이 땅의 밥을 먹고 크는 아이들이 걱정입니다. 그래도 정직하지 못한 부모의 밥을 먹고 크는 아이들이 있다는 것은 진실입니다. 심지 바른 그 어른들과 그 아이들에게 축복이 반드시 있을 것입니다. 그걸 믿으니 우리가 사는 거지요. 유들이와 유름이 위해서

기도하고 있습니다. 하느님은 만인의 하느님이시니까요.

두 분께서 참으로 오랜 친구시고 많은 은혜를 베풀어 주셨음이 새삼 생각됩니다. 조상의 땅에서 자연에 순종하여 겸손되어 처지를 마련해나가셨고 세상 사람들의 복을 깊이 헤아리는 두 분! 유기농, 땅 이름, 농기구 등에 깊이 애착하시고 어려운 처지에 계시면서도 더 어려운 사람들에게 마음 쏟으시며 특히 겨레의 얼을 굳게 키워나가시는 한글사랑! 아름다우신 두 분과 나의 삶이 맺어졌음은 하느님이 주신 축복이었어요. 이번 《한글새소식》을 보내면서 겨레의 명절에 두 분과의 만남을 기뻐하여 두어자 적었어요.

2005년 9월 22일

사랑의 보답은 보배로이 와 줄 겁니다

반가운 권순채 씨

벌써 한 겨울 크리스마스 시절이 왔네요. 사랑을 온 세상에 주시려고 오신 구세주를 사랑합니다. 아이들은 커나가 우리 사는 세상을 아름다이 가꾸어 나가기를 원하며 사랑의 마음을 우리는 배우고 있지요. 두 아이들이 그만하면 잘 커줬으니 고마운 일이지요. 온갖 정성을 다 쏟아 키운 보람, 그 사랑의 보답은 보배로이 와 줄 겁니다. 새해에 더욱 건강하시고 새로운 기쁨이 풍성하세요. 우리의 소원 한글의 꽃핌을 위해 또 토박이 농산물의 윤택한 보급을 위해 노력합시다. 나라와 민족과 사회를 아끼는 이 우리들의 원이 결코 헛되이 돌아가지 않을 것을 믿습니다.

2005년 12월 25일

마음에 닦은 바른 길을 가거라

사랑하는 유들아

크리스마스 세상에 사람들 사이에 내려오시는 아기예수를 기쁘게 맞이하자. 죄의 상태에 있는 인간이 살 길 몰라 자꾸 죄에 떨어지고 마니 사람으로서의 길을 모범으로 살고 말씀으로 가르치러 오신 예수 사랑과 평화를 온누리에 약속하신 삶. 한마디로 하자면 인생의 모델! 그런데 날 때부터 부귀영화가 아니었다. 가난과 순박, 천사의 노래와 마음 착한 이들에게 둘러싸여 조용히 오시었다.

너는 이제 졸업을 하게 되겠구나. 그간에 베푸신 부모님과 스승의 은혜, 그리고 많고 많은 은혜에 둘러싸여 있음을 잊지 마라. 마음에 닦은 바른 길을 가거라. 바른 길! 이것이 첫째 챙길 일이다.

세상의 처지나 물질적인 마련이 절대로 필요한 일이니 불가불 힘써 마련하여 할 수 있는대로 나은 처지를 얻도록 노력할 것이다. 바른길로. 부모와 스승과 사회 국가가가 키워준 네 힘으로 가능한 안에서 최선을 다 하여라. 그러면 너는 최고의 강자, 끄떡없이 너 자신을 이루리라. 유들아, 앞날의 노력과 행복을 빈다.

2005년 12월 25일

한글날은 기쁨으로 가득한 날이었지요

권순채 씨

제일 좋은 계절 10월이 왔습니다. 농사가 잘 됐으리라 믿습니다. 추수하시노라 바쁘시겠어요.

이북이 핵실험을 해 우리를 편치 못하게 하네요. 마침 한글날에 그 저지리에 맞아 온통 불길한 소식 듣기에 바빴어요.

그래도 이번 한글날은 기쁨으로 가득한 날이었지요. 그리고 더 굳은 다짐으로 마음을 정리하게 되었지요. 《한글새소식》이 또한 기쁨을 싣고 권순채 씨에게 가겠습니다.

유들이, 유름이, 그들 외 어머니에게 축복 가득하기를 빕니다.

2006년 10월 21일

마음 가는 이들에게 주세요

권순채 씨

안녕하십니까. 유들이, 유름이, 그 어머니도 안녕하신지요. 농사일이 이젠 다 끝났겠지요? 11월 《한글새소식》이 와서 보내드립니다. 이번에는 허종진 씨가 책을 냈고, 내게도 여러 권 보내주었기에 다섯 권을 권순채 씨에게 보내드립니다.

허종진 씨는 지난 3월부터 위암으로 투병 중입니다. 그런데 통증은 없다고 합니다. 이제까지 쓴 글들을 모아서 책을 내어 지난 11월 25일에 출판기념회를 했어요. 나는 관절염이 아프고 건강이 안 좋아서 못 갔습니다. 나에게 책을 여러 권 부쳐 주었는데 권순채 씨에게 다섯 권 보내드릴게요. 마음 가시는 이들에게 주세요. 유들이와 유름이는 아주 컸겠지요. 씩씩한 젊은이로 자랑스럽겠다 싶습니다. 그들이 자기 하는 일에서 아버지의 뜻을 이어 한글을 살려주었으면 하고 바랍니다.

2006년 11월 29일

한글의 영광 되찾았으니 얼마나 기쁩니까?

온 세상 모든 이를 사랑하려고 이 세상에 오시는 예수아기의 성탄절이 바로 가까이에 박두했네요. 열심히 일하시어 집안을 탄탄히 가꾸신 두 분. 또 제 갈 길에서 큰 걸음으로 전진하고 있는 유들이, 유릅이를 생각하며 나 자신이 행복을 느낍니다.

하느님께서 사람에게 주신 천성을 충실히 가꾸어 가는 모습은 보배로운 가치가 아닙니까. 지난날에 내게 주신 성의 넘치는 정을 늘 감사하고 있습니다. 2006년은 이 집의 모든 이와 내가 깊이 마음두고 있는 한글의 영광을 상당히 되찾았으니 얼마나 기쁩니까. 배달겨레가 한글을 가꾸는 것은 글자의 문제로가 아니라, 겨레와 나라를 사랑하는 사랑이 아닙니까. 또 우리 자신의 인간다운 피어남이고 서로의 의무와 행복을 지키는 복된 짐입니다.

새해 더욱 건강들 하시고 삶의 보람에 높은 이상에 정진하시기 빌며 기도합니다.

2006년 12월 20일

우리 안에 얼마나 피와 살 만드느냐가 중요해요

권순채 씨, 새해가 열렸네요. 유들이, 유릅이와 그 엄마도 다 편안하십니까? 새 《한글새소식》이 무척 화려하네요. 이번호를 보니 한글이 완연히 세계화의 길을 가고 있네요. 세계화는 세계화대로 되라 하고 우리 안에서 얼마나 피와 살을 만드느냐가 더 중요하겠지요. 권순채 씨께서 토박이말을 수집해 놓으신 것을 언젠가 빛내도록 하시기 바랍니다. 더욱 더욱 수집하시고요(이번부터 5권을 보내 드리겠습니다).

2007년 1월 17일

소중한 말씀을 내 버릴 수 없어 보냅니다

권순채 씨

안녕하십니까? 《한글새소식》 4월치가 와서 보내드립니다. 몇 달 전부터 굉장히 화려한 장정으로 나오고 있지요. 작년 10월부터 꾸밈새가 아주 달라졌었는데 광고에 확실히 문제가 있다고 봅니다. 그 두드러진 것은 지난달 3월호 표지 바로 뒷면 '命'자를 중심에 놓고 낸 약 광고. 바로 다음 페이지의 난잡한 그림에 써재낀 영어, 그 다음 면 대한민국 의원 충당 광고, 그 다음 면의 의원들의 개인사진을 곁들인 의원 소개…….

"한글만 쓰기"를 그렇게 목숨 걸다시피 주장한 우리, 한글만 가지고 마음에 호소하는 힘을 강하게 내는 광고를 만들어 실어야 되지 않겠습니까. 목록면, 첫머리에 내놓은 우리의 주장이 더 작고 더 꼬라박힌 꼴이라고 보입니다.

이는 학회에 돈이 없어 이렇게 된 모양입니다. 돈 들여 책을 내주고 광고를 자기 편리한 것을 내기로 했다면 참 암담한 노릇이 아닐까, 한글쓰기, 바른 정치를 외치면서 그 반대편 우리가 강력히 반대하는 이들이 우리의 주장을 깔아 뭉개기로 작정하고 달라든 것이 아닐까요.

전과 같이 소박하게 그리고 굳세고 바르게 우리의 소원, 우리의 주장이 더럽혀지지 않는 방향으로 돌아가기를 간절히 기도하면서 이번 4월호를 안 보낼까도 했는데 광고 아닌 내용의 소중한 말씀을 내 버릴 수 없어 보냅니다.

2007년 4월 24일

그때 참 좋았던 일, 새삼스럽네요

권순채 씨

아름다운 5월입니다. 또한 권순채 씨에게는 바쁜 때이기도 할 겁니다. 『나라사랑』 113집 글 기뻐하며 읽었습니다. 그때 참 좋았던 일, 새삼스럽네요. 나는 거의 잊어버린 이름들이 많은데 다시 마음에 살아났어요. 더 자료를 모으시고 정리하시면 여러 사람의 관심거리가 될 것입니다. 유들이, 유름이 또 엄마 위해 기도합니다. 안녕히 계십시오.

2007년 5월 21일

젊은이들에게 희망을 더 불어넣어 주어야지요

권순채 씨

그간 평안하셨습니까. 여름철 농사일에 한창 바쁘시지요? 유들이, 유름이는 직장에서 맘껏 뛰고 힘을 내고 있을 줄로 압니다. 유들 엄마도 건강하고 일이 잘 되어가고 있을 줄 믿습니다.

한글학회는 이제 100년인데 오늘날 생각해보면 그 역사가 기막히게 고귀하고 거룩합니다. 한글만 써 살아가는 세상, 한글이 뼛속에 뿌리가 튼튼히 박히는 세상을 이루기 위해서 자나 깨나 마음을 다 하고 있는 우리들은 오늘 아직도 불완전하다 해서 희망을 줄이거나 낙심할 것이 아니고 또 이제 그만하면 됐다 할 것도 아니고, 더욱 더욱 힘을 내야지요.

유들이와 유름이 젊은 아이들에게 희망을 더욱 더욱 불어 넣어 주어야지요. 이 일이 쉽게 미루어질 일이 아님을 내다보고 또 꼭 이루어질 수 있음을 의심치 말아야지요. 이 글이 우리에게 가장 맞고 가장 편하고 높은 수준까지 올릴 수 있기 때문에 이 길을 택해야 하고 한자와 영어를 몰라야하는 게 아니라, 그것도 잘해서 그들의 세계를 알아주면서 전진해야 되지요. 권순채 씨와 나는 더 힘을 냅시다. 안녕히 계셔요.

2007년 7월 22일

재주보다는 사람다워야 행복합니다

그간 안녕하셨습니까?

지난 9월에 《한글새소식》을 못 보내 드려 죄송합니다. 9월분이 어찌된 셈인지 우송 도중에 잃어버려진 것 같습니다. 학회에 의논드려 다시 얻어서 이번에 9월, 10월치를 함께 보내드립니다. 사정을 보아 주시어 너그러이 용서 있으시기 바랍니다.

10월에는 '한글날'이 있고 한글 행사도 많아 우리에겐 특별한 달인데, 이런 사고로 마음이 쳐집니다. 늦게나마 보내 드릴 수 있어서 위로를 삼습니다.

"하늘 높고, 말이 살찐다"고 옛사람들이 넉넉해 했던 그 마음이 역시 우리에게도 영락없이 와 있네요. 참 정답고 시원한 가을 하늘하며 산과 들의 열매나 곡식들이 우리 안을 그득하게 하지요. 진득한 마음이 되어 사색하고, 이웃과 어울려 진한 즐거움에 담기지요. 더구나 우리글로 한글이 있다는 것을 생각하며, 우리 안에 사랑과 지혜가 매마름이 없을 그 노력에 대한 용기를 넉넉히 뒷받침하는 한글이 있다는 것을 생각할 좋은 시절이지요. 《한글새소식》을 읽으면서 우리도 행복해 합시다.

나보기에 한문에의 집착, 영어의 거센 바람, 또 기계화 속에서

'한글 함부로 죽이기' 이 세 가지는 '한글 피어나기'에 큰 걸림돌입니다. 그래도 한자와 영어와 기계글이 원수라는 것은 아니고, 한문문화가 오랫동안 우리를 키워온 그 문화를 존중하고, 영어도 세계의 마당에서 필요하니 뒤지지 말 것이고, 기계글자는 그야말로 과학적인 한글이 과학적일 수밖에 없는 기계의 성질을 아주 순하게 부려 내느니만큼 앞으로 크게 써야 함은 물론입니다. 다만 우리는 우리 자신이 스스로 본 바탕이 건전하고 튼튼하여야 그 위에 좋은 것을 이롭게 받아들여 살과 피가 되게 할 수 있을 것임을 명심해야 할 것입니다.

우리의 옛 문화를 한글에 담고 새 문화를 한글로 키우며, 세계의 문화를 소화하기 위하여 기본 실력을 한글로 다져야만 가능할 것입니다. 또 기계말에 있어서도 아무리 재주가 좋다 하더라도 그 뜻이 사람다워야 행복일 것입니다.

한글날을 15년 만인 2005년에 되돌려 국경일로 된 것은 기쁜 일입니다만, 공휴일이 아니어서 일반적으로 이 날을 예사로이 지나쳐버리는 수가 많아 뜻 있는 분들이 분발하여 서명운동을 하고 있습니다.

그 용지를 동봉하였으니 협력하여 주시기 비옵니다. 많은 이의 뜻을 모아 주시기 비옵니다. 다하신 후 본부로 보내주셔도 되고 제게 보내셔도 제가 본부로 보내겠습니다.

감사합니다. 안녕히 계십시오.

2007년 10월 30일

진정 대한민국을 건설하는 용사이십니다

권순채 씨

새해가 되고 말았네요. 힘드는 일 하시느라고 몸이 지치시지 않습니까? 그래도 권순채 씨야말로 진정 대한민국을 건설하시는 용사이십니다. 건강이 허락하시면 어떤 일도 사양하지 않으시는 그 정신을 가진 사람의 나라가 진정 희망을 가지고 즐거움을 창조할 수 있는 것이 아니겠습니까.

나는 이번 《한글새소식》이 전보다 마음에 듭니다. 너절한 광고들이 없어졌다는 점에서요. 이명박 대통령은 경제 대통령인가 본데 경제를 살려준다는 건 크게 환영받을 일이지요. 기대해보지요. 다만 그 외 영어 만능적 행동은 우리의 분투가 필요할 것 같아요. 벌써 고등학교만 졸업해도 영어를 구사할 능력이 있게 한다는 일은 어떻게 교육을 요리할지 망칠 가능성이 보이지요. 그러나 대통령의 뜻을 국민은 좋은 쪽으로 돌리는 노력에 혼신해야겠습니다. 유들이 엄마, 유들이, 유름이 새해의 기쁨을 빕니다.

2008년 1월 29일

우리 삶 안에 쓰이고 숨쉬게 되는 것이 중요하지요

권순채 씨

안녕하십니까. 아이들 엄마도 아이들도요.

이명박 씨는 경제 살릴 거라는 기대를 받아 굉장한 표를 획득했는데 국민들의 기대가 과연 열매를 맺을 것 같습니까? 날로 더 뚜렷해가는 영어지상주의는 과연 어디까지 갈 것인가?

금년이 마침 한글학회 100년인 이 뜻 깊은 때에 어중이 떠중이 영어숭배로 나라를 좀먹는 무리들이 뚜렷한 마음을 세워 진정 나라의 대들보 언어정책을 굳어 세워주는 이를 기다립니다.

한글이 세계에 알려지고, 유엔이나 세상에 칭찬 받는다고 좋아할 일이기도 하지만 다른 모든 것이 없어도 나라 안 속속들이 깊이 깊이 쓰여지고 높이 높이 정리되어 백세(百世)의 모범으로 닦이고 우리들의 삶 안에 쓰이고 숨쉬게 되는 것이 중요하지요.

세계의 자랑이 됨은 우리가 상관할 바가 아니고 오히려 이 몸 안에 깊이 박혀 내 빛되기를 기대합니다. 안녕히 계십시오.

2008년 2월 23일

자기 민족의 말이 삶의 밑천

권순채 씨

유들 엄마가 건강히 계속하고 있습니까? 아이들은 이 새 봄에 새로운 도약을 꿈꾸고 있겠지요.

권순채 씨는 새해의 농사일부터 걱정하시겠군요. 그리고 한글의 되어나가는 모습을 열심히 챙기고 계시겠네요.

이명박 대통령이 아무리 영어에 빠진다 해도 자기 민족의 말이 삶의 밑천일 줄 모를 수는 없다. 그가 내세우는 발전! 그건 우리 한국 국민에게는 모국어 위에 세워질 것이 틀림없음을 우리는 힘써 증명해줍시다.

2008년 3월 15일

정성이 지극하여 눈물이 바다됩니다

권순채 씨

《한글새소식》 4월호를 보내드립니다. 이번에 내 눈에 번쩍 뜨인 것! 물론 권순채 씨의 시 「불 탄 숭례문과 한글」 넘치도록 사랑하는 숭례문! 넘치고 넘치는 한글 사랑! 꾸밈 없이 숨결 그대로 튀어 나와 솔직하여 구실이 빛나고 정성이 지극하여 눈물이 바다됩니다.

제 아무리 영어 잘해도 한국 사람이지요. 우리 한글 사랑은 겨레 사랑, 아버지, 어머니, 언니, 아우 함께 즐겁게 커 갈 겨레 사랑이지요. 영어를 미워함도 다른 민족을 싫어함도 아니지요. 배달의 집안 아이들이 제 앞을 챙기고 제 삶을 다지고 온 세상 사람, 온 인류의 삶 안에 튼튼한 몸으로 함께하기, 그 일을 하는 첫째일 바탕 일을 든든히 하자는 것임을 알아 주시기를 바라고 모두가 받아줄 일이지요. 그 날이 머지 않아 올 것을 믿습니다.

2008년 4월 20일

한글 잘 써나갈 생각을 마련해 갑시다

권순채 씨

안녕하십니까? 지독하게 더운 이 여름에 어찌나 지내십니까? 아이들도 건강하고 유들이 엄마도 건강하신가요? 온통 불경기에 모든 면에 생활이 움츠러드는 형편인데 고생이 많으시지요.

7월 31일은 학회 100주년인데 한글의 위대함을 다시금 생각하게 됩니다. 권순채 씨의 열렬한 한글사랑도 특별히 기억할 일입니다. 여러 번 발표하신 시나 글, 또 우리말 사랑의 연구도 공로가 크지요.

나는 이때에 서울학회에는 못 나가겠고 마음에 새기기만 하렵니다. 앞으로 더욱 한글을 잘 써나갈 생각을 마련해 갑시다.

8월 15일 이 날이 얼마 안 남았네요. 나라가 튼튼히 서고 백성이 행복하게 살기 위하여 가장 큰 일은 한글을 키우는 일이지요. 분발합시다.

2008년 7월 27일

우리 민족의 성실과 능력 존경해야 마땅합니다

권순채 씨

432호 학회 100주년 기념특집호가 왔습니다. 여러 가지 행사하는 소식도 있습니다. 학회의 어른들이 100년 동안 얼마나 어려운 싸움을 싸워왔으며 우리말의 발전을 위하여 얼마나 노력하였습니까? 위대한 일임을 함께 기리며 본받습니다. 《우리말 우리 얼》도 함께 보내드립니다. 이는 지금 61호인데 저는 쭉 받아보았는데 이번에 더 보내 왔기에 한 번 읽어 보시라고 보냅니다.

올림픽도 우리가 참 잘했지요? 우리 민족의 성실과 능력을 존경해야 마땅합니다.

집안 다 편안하시지요? 안녕히 계십시오.

2008년 8월 30일

가정의 복을 늘 기도합니다

권순채 씨

안녕하세요? 《한글새소식》 9월호가 이제야 왔네요. 행사가 많아서 늦었나 봐요. 이제라도 8월호 다음에 9월호로 와서 빠트리지 않고 10월호가 또 오겠으니 다행으로 여깁니다.

100주년, 사람의 한생에 좀체로 얻어 만나기가 어려운 기회에 100주년을 지내 학회의 위대하신 노력을, 봄을 행복해 하고 있습니다. 100년 동안의 공로는 볼 만하고 민족의 자랑거리이기도 하나 앞으로 오는 날들에 더욱 큰 복이 있어야 할 것인데, 겨레의 마음 안에 버젓하고 열렬함을 빌고 빕니다.

농사가 잘 되고 있다는 소식은 듣고 있습니다. 아이들이 이제 많이 성숙했겠습니다. 나는 권순채 씨의 가정의 복을 늘 기도합니다. 유들이, 유름이 엄마도 건강이 좋으신지요?

한글학회 100주년에 겨레의 번영을 마음 다 하여 빌어 앞날에 우리 아이들이 행복하고 든든히 잘 살아가기를 빕니다.

2008년 10월 20일

참말 학회가 해야 할 일은 많은데

권순채 님

한글학회 100주년의 행사 때문에 그랬는지 10월달 '새소식'이 11월도 다 가려는 이때에 왔습니다. 그래도 달을 거르지 않고 꼭꼭 채우려고 하는 모습이 고맙습니다. 경제적으로 사실 무척 어려울 거라고 생각합니다.

이번호 페이지 14~17의 박지홍 선생님의 글이 저는 아주 재미있었습니다. 훈민정음 창제에 신하들의 도움도 이해도 못 받는 그 판국에 가족과 함께 했고 더구나 아주 유능한 노력을 얻게 되는 것이 참 좋았어요.

박지홍 선생님은 지금 병중이신데 그래도 이런 날카로운 글을 써서 한글공부하는 자들을 도와주시니 감격하고 감사하네요.

권순채 씨가 《우리말 우리얼》 회원이 되셨다고 소식 들었습니다. 글도 싣기로 하셨다니 더욱 고마운 일입니다.

지난번에 우리 수녀님 한 분이 "한글학회에서 100주년에 재벌에게 도움을 주기를 청했더니 한 곳도 응하지 않았다"는 방송을 들었다고 '이 뜻 있는 한글학회의 도움에 이렇게 냉정하다니……' 하면서 분개하시는 말을 들었습니다. 참말 학회가 해야 할 일은 많은데 이 뜻 깊은 사업을 좀 도와줬으면 좋겠습니다. 아마 먼저 우리 회원들이 좀 더 활발한 뭔가 움직이는 원동력을 만들어야 되는 건가 하고 생각하기도 합니다. 유들이, 유름이와 그 엄마를 위해 기도합니다.

2008년 11월 23일

순채 씨 복 많으소서

권순채 씨

교통사고로 상한 몸이 잘 나아 가는지요? 온 집안이 근심이 많겠습니다. 아이들 엄마가 애타겠네요.

야콘이 건강에 좋다하여 한 상자 보냅니다. 집안 식구가 다 마셔도 되지요. 야콘을 먹는데 대한 얘기는 여기 넣은 안내서 안에 있습니다. 새해 집안 모두 건강이 충만하시고 복 많으소서.

2009년 1월 13일

꾸밈도 잘난 척도 없으시니 그대로 내비치시지요

권순채 씨

좋은 시를 쓰셔서 참으로 축하드려야지요. 순박하고 순진하신, 세상의 삶을 진실 위에서 꿰뚫어 보시는 권순채 씨. 권순채 씨야 말로 한글의 정신을 그대로 두드러지게 터득하시고 또 터뜨리시는 분이시어요. 꾸밈도 잘난 척도 없으시니 아름다운 구슬 그대로를 내비치시지요.

가족이 모두 힘주어 일하며 기쁘게 살고 계시는 소식 말씀 듣고 기뻐하고 있어요.

유들이와 유름이가 오겠다니 참 기쁩니다. 미리 좀 알려주시면 고맙겠습니다. 권순채 씨도 어서 상처가 나으셔서 활기찬 일상으로 돌아오시기를, 빨리 그리 되시기 빕니다.

한글학회는 100주년하느라 너무 힘을 써서 1월호도 늦었나봐요. 권순채 씨의 시처럼 싱싱한 힘으로 정상을 돌이키리라 믿습니다. 요즘 날씨도 좀 풀렸네요. 새봄이 오고 있습니다.

2009년 2월 7일

모두 5월엔 희망도 크고 소원도 많지요

권순채 님

아직도 병원에 계신가요? 건강을 빨리 회복하시기 빕니다.

유들이, 유름이와 그들의 어머니 다 편안하십니까. 봄도 이젠 한창입니다. 농사일도 하실 게 많을 텐데 몸이 빨리 회복되어야지요.

5월엔 모두가 희망도 크고 소원도 많지요. 5월 2일 석가탄신일을 비롯하여 어린이날, 어버이날, 어머니날, 스승의 날, 그리고 5월 15일 스승의 날은 세종탄신일, 사람들은 이 5월에 큰 희망을 소원하며 이렇게 날들을 정하여 사랑을 키우고자 하네요.

그리고 농사에서는 새수확을 마련하고요.

건강이 빨리 회복되시기 빕니다.

2009년 4월 26일

오신다는 말씀 내 마음에 남아 있어요

권순채 씨

건강은 완전히 회복하셨습니까? 올해에 비가 많이 와서 피해가 없으신지요? 어제 전화 주셔서 감사합니다. 한 번 오신다는 말씀이 내 마음에 남아 있어 어서 오시면 좋겠다는 마음입니다.

제가 《우리말 우리얼》에 보내려고 지은 글을 오시면 함께 읽어보고 보내고 싶습니다. 깊이 있는 것은 아니고 그냥 슬쩍 재미만 본 글입니다. 앞으로 권순채 씨가 깊이 있고 본격적인 글을 쓰셔도 방해가 되지는 않을 겁니다.

아마 2~3년 전에 유선희 씨가 《우리말 우리얼》에 싣게 글 하나 쓰라고 하셔서 기쁘게 숙제를 받기는 했지만 그때로부터 여러 번 병치레하고 입원도 하고 못 쓰다가 너무 오래 못 썼는데 거듭 유선희 씨에게 "미안합니다."하였는데, 유선희 씨가 끝내는 "괜찮습니다." 번번 그러시다가 마지막에서는 "괜찮습니다. 50년 안에만 써주세요." 그러시는 거예요. 나의 늙음을 생각해 주시어 너그러이 봐주는 거고 안 써도 좋다는 말씀이기도 하다고 생각했습니다. 그러고 보니 너무 미안했어요. 그렇지만 역시 그냥 그대로 지냈지만 금년 들어 전에 부탁을 받고 동굴 지명조사한 부담 없는 글을 써 놓은 게 있었는데 그 글을 싣지 않게 되었던 것이 생각나 그 글을 다시 손보아 보내고 싶은 마음이 되었습니다.

내가 오늘 유선희 씨에게 보낼 주소를 보았더니 원고는 김수업 선생님께 보내게 되어 있어요. 사실 그동안 나는 컴퓨터를 오랫동안 안 했더니 기계가 말을 안 듣게 되어 전문가에게 보였더니 오래 안 써서 망가졌답니다. 그래서 손글씨로 써놓았는데 어쩌면 좋을까 하고 있어요. 권순채 님이 한 번 보아주시면 하는 생각은 이 글을 보내려고 할 때부터 있었어요. 앞으로 지명에서도 많이 쓰실텐데 틀리는 소리를 해도 안 될 거고, 그것보다 공자님 앞에서 도를 가르친다는 쪼로 어설프고 방해가 되면 낭패다 생각했죠.

내가 아직은 《우리말 우리얼》 쪽에 글 내겠다는 아무 소식도 안 했으니 더 있다가 내도 되고 안 내도 됩니다. 나는 나이 늙어서 출입이 거북하니 한 번 놀러 오시기 바랍니다.

전화로 하면 간단할 것을 글로 쓰니 길어졌습니다. 전화번호를 그때 다 적어두었는데 못 찾아서 편지로 썼습니다. 글씨가 좀 날아 갈 듯한데 용서하고 보아 주세요.

유들이, 유름이 일 잘하고 있습니까. 오래잖아 결혼해야지요. 지난번에 왔던 유들이 여자친구는 아주 착하고 친절하던데요. 잘 사귀고 있겠지요. 유름이도 일 잘하고 있겠지요?

늘 고마우신 유들, 유름 엄마에게 건강과 기쁨, 행복을 늘 빌고 있어요. 한 번 전화주시고 전화번호를 가르쳐 주시기 바랍니다.

2009년 7월 29일

늘 나를 생각해 주시는 그 마음

권순채 씨

감사합니다. 이 글을 권순채 씨가 한 번 읽어 주시고 푸근한 마음 되시고 기뻐해 주시면 하는 마음이 있습니다. 한편 이 글이 권순채 씨께 앞으로 땅이름 보존 위해 쏟으시는 정성과 업적에 관한 군소리가 되면 안 된다 싶었습니다.

마침 내가 타자에 군색하게 된 때여서 그 얘기가 나온 건데 타자를 해주신다고 보내라고 하시니 늘 나를 생각해 주시는 그 마음이 즉시 이렇게 그걸 해주겠다고 하시는 군요.

우리 수녀님들 중에도 타자를 늘 하고 사시는 사무실 소임 수녀님이 계시지만 그분들이 요즘은 출장도 자주 하고 사무나 돌보실 일들이 너무나 많아서 선뜻 부탁을 못 하고 있었어요.

유름이가 전에도 나의 컴퓨터 방법을 가르쳐 준 일이 있습니다. 그때 아주 찬찬하게 잘 알아듣도록 가르쳐 준 기억이 납니다. 요즘 젊은이들이 할 일이 많고 자기 시간이 필요할 겁니다.

이 글은 무슨 기한이 있는 것이 아니고 《우리말 우리얼》 편에서도 원고는 아무 때나 좋다고 했으니 시간이 되는대로 해주면 됩니다. 다만 《우리말 우리얼》의 원고 받는 이가 변경되어 이 원고를 불쑥 보낼 수가 없어 제가 편지로 그 경위를 좀 말해야겠으니 원고가 다 타자 되면 《우리말 우리얼》 66호 89페이지에 나와 있는 김두루한 님의 전자우편 번호로 보내주시면서, 우리 수녀원 골롬바 수녀님 전자번호로 한 부 보내주시면 제가 그쪽에 편지로 할 말을 좀 하겠습니다. 감사합니다.

2009년 8월 7일

마음 가까이 스며 들었을 겁니다

권순채 씨

좋은 새해를 맞이하셨을 줄 믿습니다. 《한글새소식》과 《우리말 우리얼》에 내신 시 참 좋았어요. 진실을 꾸밈없이 쏟아 놓으신 가치 높은 한글사랑의 시였습니다.

《우리말 우리얼》의 글도 다른 이는 그렇게 못 쓸 훌륭한 글이었습니다. 한글사랑이 널리 또 마음 가까이 스며 들었을 겁니다.

유들 엄마한테도 새해 인사 전해주세요. 안녕히 계셔요.

2010년 1월 15일

오래 못 보아 보고싶은 마음 보냅니다

권순채 님

성탄의 기쁨을 알립니다. 평화와 사랑으로 우리에게 오시니 함께 기뻐합시다. 모두 편안하십니까? 권순채 씨께서 이 해에는 특히 좋은 글을 많이 써주셔서 축하드립니다.

더 많이 쓰시라 청하는 뜻으로 노트 한 권 드리니 더 많이 쓰시고 한글과 나라를 빛내 주세요. 유들 어머니 수고 많으셨지요? 녹차향을 드립니다. 유들이와 유름이도 고운 마음의 표시로 고운 색깔 펜을 선사해요.

오래 못 보아 보고싶은 마음을 보냅니다.

2011년 더욱 건강하시고 복 많으시라 빕니다.

2010년 12월

한글 그릇에 마음이 담겼으면 좋겠습니다

권순채 씨

이젠 완연한 봄입니다. 유들이, 유름이와 그 어머니 다 편안하십니까?

유들이 엄마는 그간 일 많이 하셨지요? 너무 고단히 일하시지 않는지 생각이 되네요.

저는 한 번 가서 만나보고 싶은 마음이 날마다 나지만 이제 나이가 있으니 만큼 꾹 눌려 있지요.

유들이와 유름이가 이젠 사회에 나서서 시원히 활동을 하고 있으리라 믿어요. 권순채 씨의 글을 새소식에서도 《우리말 우리얼》에서도 자주 만나게 되니 참 반갑습니다. 우리말에 대한 신선하고 정다운 생각은 누구 못지않아 깊이 마음에 와 닿지요. 특히 시는 좋아요. 솔직한 표현이 너무나 자연스러워요. 자주 글을 내시어서 마음 굳은 사람들이 읽어 진짜 배달민족다운 사랑스러운 순수에 돌아와 한글의 그릇에 마음이 담겼으면 좋겠습니다.

요즘 한참 시끄러운 정치 마당에 세종대왕의 겨레 사랑의 마음과 나라 강화의 힘과 통일 사랑이 봄바람에 실려 내려앉기 빕니다.

2011년 4월 12일

멋부림도 없는 솔직, 정직 그대로

권순채 씨

5월도 무르익고 벌써 내리막이 되었습니다. 《한글새소식》 5월치를 보내드립니다.

유들이, 유름이, 그 어머니 모두 건강하신지요? 권순채 씨의 시는 얼마나 기쁜지요! 꾸밈도 멋부림도 없는 솔직, 정직 그대로이면서 강한 느낌이 찌르듯 하거든요. 더욱 자주 써 주시면 분발과 기쁨이 솟아나겠습니다.

광화문을 둘러싸고 한글과 한문이 서로 바라만 보고 있네요. '조선어학회 수난기념탑' 건립과 광화문 한글 현판 달기에 학회를 비롯한 많은 젊은이들이 맹렬한 열의를 쏟고 있음은 나라의 장래와 시대정신을 자각한 역사적 열정입니다. 부디 이루어지기 빕니다.

5월은 석가탄신일, 어린이날, 어버이날, 그리고 스승의 날. 이렇게 뜻 깊은 날이 쏟아지고 있지요. 그래도 우리는 더 뜻 깊은 날을 알지요. 스승의 날, 5월 15일. 이 날이 바로 세종대왕 탄신의 날이 아닙니까. 이 날을 스승의 날로 한 것은 현재 세종대왕기념회(서울 청량리에 있음)의 회장이신 박종국 님의 건의로 세종탄신일을 스승의 날로 제정했던 것이었습니다. 세종대왕은 다만 임금이 아니라 참으로 스승이 아니십니까? 한글을 만드셨다는 데서 가장 두드러지게 스승이시라 하겠습니다.

한글 사랑이 온 나라에 깊이 스며들기를 바랍니다. 10만 명 서명운동을 실시하는 데는 큰 의미가 있다고 봅니다. 큰 부담은 아닌 1000원을 내어 은행 구좌에 입금하는 행위로 서명을 인정하게 되어 있네요. 새소식 첫 표지 바로 뒷면에 계좌번호가 나와 있으니 자기가 원하는 은행의 계좌번호에 돈 1000원 넣고 자기 이름 써 넣으면 서명이 되게 되었네요.

요즘 비가 제법 와서 농작물이 좋은가 싶습니다. 집에 농사는 잘 되어 가는지요. 식당 경영에 좀 이득이 있습니까? 유들이, 유름이가 뭔가 보람 있는 일을 해나가고 있으리라 믿습니다. 행복한 가정이시기를 기도합니다. 제가 늘 잊지 못할 권순채 님 집안 모든 이를 위해 기도드립니다.

2011년 5월 23일

자랑스러운 한글은 세계와 친구가 됩니다

10월은 한글의 달입니다. 높고 푸른 하늘이 유달리 고우며 땅은 가을의 풍성을 진득이 품어 간직하고 윤기가 넘쳐 납니다.

오랜 옛날 배달겨레가 나라 세우기를 다짐하여 임금을 세우고 해와 달, 비와 바람 등 자연 현상에 맞추어 잘 살아갈 수를 쓰고, 부모 형제, 친척, 이웃과 친구, 어른과 아이가 제 분수를 다하여 사랑의 사회를 이루고 재앙 막기를 다짐하니……. 이때는 지금으로부터 4344년 전 단기 1년이오 그해 10월에 거룩한 큰 행사를 하였다고 문헌에 기록되어 있어 오늘날 우리는 이날을 기념하여 개천절 10월 3일에 큰 명절로 지내고 있지요.

그 후 우리 겨레는 시련을 이기며 역사를 살아내어 다기 3779년(1446)에 우리 겨레에 나신 세종대왕께서 겨레의 복을 도모함에 국민 모든 사람마다 그 자유를 마음껏 표현하고 우리말로 잘 통하여 발전과 사랑을 이루고자 우리말을 담을 글자를 지어 훈민정음이라 이름하여 펴시었으니 그게 바로 한글이 아닙니까! 해마다 10월 9일에 이 일을 기념하고 공부하니 우리 모두 10월의 복이 얼마나 큽니까! 10월이 한글의 달이 아닙니까!

한글이 좋은 글자라고 이상적인 글자라고 현재 세계에 있는 어떤 글자보다도 좋은 글자라고 나라 안에서, 또 나라 밖에서 많은 이가 증명하고 칭찬하고 있습니다. 한글이 우리나라 안의 사람 삶에 없지 못할 연장으로 우리에게 밀착되어 있습니다. 오랜 한자 빌려 쓰기의 군색을 벗을 수 있게 된 우리가 얼마나 행복합니까! 특히 최근 60여 년간의 비약적인 향상은 우리 모두가 다 경험하고 있는 것입니다. 교육이 널리 보급되었고 생활의 향상은 여러모로 비약적이라고 해야 맞습니다. 세계의 한글에 대한 관심은 큽니다.

이 글자로 전산을 더 수월하고 빠르게 하고 있고, 여러 나라가 한글을 배우고자 하며 한국어를 배우고자 합니다. 글자 없는 나라는 한글을 써 자기 말을 기록하곤 합니다. 우리의 자랑스러운 한글로 우리는 세계의 많은 이와 친구가 됩니다. 기쁜 일이니 그 일이 잘 되기로 도와야 합니다. 만 번 타당한 일입니다. 우리는 더 급한 일에 먼저 큰 힘을 쏟아야 할 것입니다. 무엇보다도 중요한 것은 우리 자신의 말과 문화와 삶에 한글의 노릇을 충분히 시켜야 할 것입니다. 우리의 삶에 충분히 그 연장 노릇을 해내도록 사랑하고 연구하고 들어 올릴 그 일에 힘을 쏟아야 합니다.

우리는 지난 100년쯤의 노력으로 우리의 일상에서 한글만 써도 되는 것을 이미 경험했습니다. 앞으로 교육 전반에서, 또 전문 분야에서, 또 외국어 학습에서 한글이 큰일을 하게 해야 합니다. 이것은 전문가들이 자기 앞마당에서 이루게 될 것입니다.

오늘 우리는 절박한 사명이 한글에 있음을 봅니다. 분단의 괴로움은 날마다 우리를 짓누르고 있습니다. 우리가 아무리 못나도 두 동강 조국을 후손에게 물려줄 수는 없습니다. 한 나라로 살았고 한 말을 쓰고 한글을 쓰는 이 두 동강은 오래 그럴 수는 없습니다. 우리는 하나라야 됩니다. 한글 있어 한글의 사랑과 정의로 통일이 이루어지기를, 이루기를 명심합니다.

2011년 10월 21일

건강히 잘 뛰고 계시리라 믿습니다

권순채 씨

새봄의 기쁨을 함께 솟구쳐 용약하시기 빕니다.

오랫동안 소식 못 드렸습니다. 춥다, 춥다 하던 것도 벌써 지나고 꽃피는 4월 한창 봄이 되어 버렸네요. 유들이, 유름이, 그 어머니도 건강히 잘 뛰고 계시리라 믿습니다. 그중에 제일 잘 뛰신 분은 바로 권순채 씨이겠지요.

글과 시를 많이 발표하셨으니까요. 또 요즘 새소식이 아주 값나가고 있지요? 반갑고 기쁜 글이 꽉 찼고 활동보고가 꽉 찼지요. 봄 4월 농사일 바쁘시겠어요. 집안에 봄의 축복을 가득히 빕니다.

2012년 4월 20일

나무와 채소들이 생명의 기운 내뿜고 있습니다

권순채 씨

안녕하십니까? 농촌이 이제 아주 바쁘시겠네요. 늘 좋은 일에 힘을 다 하시는 원옥자 씨는 여전히 바쁘시겠네요. 두 분이 다 건강하신지요? 유들이와 유름이는 한창 일에 바쁘겠지요? 그들이 결혼할 때가 되는데 준비 잘해 놓으셨겠지요.

우리 수녀원 밭에 산에 나무와 채소들이 물씬물씬 푸른 생명의 기운을 내뿜고 있습니다. 5월이니까요.

4월에 선거의 바람이 지나 약간 조용하지만 아직도 들썩들썩하네요. 그래도 혼란의 물결은 있지 못할 거라고 나는 생각합니다. 우리가 이젠 혼란을 멀리 떠내려 보낼 줄도 아는 그런 느낌을 받습니다. 일반 국민들이 말도 할 줄 안다고 봅니다. 일반 국민들이 잘못하여 날뛰기도 하지만 한편 잡을 줄도 아는 것이라고 생각합니다. 《한글새소식》 5월 치를 보냅니다. 몇 장 안 되는 이 글, 또 소식이 요즘 가서 더 국민의 마음 안에 잘 들어가고 있다고 느껴지네요. 안녕히 계십시오.

2012년 5월 18일

한글이 길잡이하니 기쁨이 큽니다

권순채 씨

이 대단한 더위에 어찌 지내시는지요?

《한글새소식》 8월호에 또 시를 쓰셨네요. 아주아주 마음 깊은 그 목소리, 권순채 씨의 마음! 진실로 존경하고 사랑합니다. 그 순수하고 높으신 마음이 세상을 감싸고 또 부처님처럼 '초월한 경지'를 느낍니다. 언제나 전의 시에서도 "순수함"을 오롯이 느끼게 해주셨습니다. 이번에도 그렇지만 더욱더욱 그렇고 그 길목에 한글이 길잡이 하니 기쁨이 큽니다. 유름이, 유들이, 그 어머니 만나본 지도 오래이네요. 금년의 농사는 어떠신지? 유기농 하시는 성자이신 권순채 씨, 세상 삶을 꾸려 나가기에 부족함이 없으려고 직업여성으로 원옥자 씨, 헌신하시는 두 분! 유름, 유들아 부디 큰 사람 되어라.

내 마음 속에는 늘 이 깨끗하고 버젓한 가정을 위한 기도가 있습니다. 언젠가 특히 권순채 씨가 깨끗하고 높은 시인이심을 기억하고 잊지 않기 위해 옥자씨가 속 깊이 사랑의 여성이자 사랑의 어머니심을 내 마음에 더 잘 새기기 위해 만나러 가겠다고 마음먹고 있습니다. 안녕히 계십시오.

2012년 8월 19일

살아 있는 학회의 맥박을 읽었습니다

권순채 님

9월도 반이 다 갔네요! 요즘 태풍이 요란했는데 농작물이나 건물, 그밖에 피해가 없으셨습니까? 우리가 이만한데 전남 등 충청도 서해안은 대단했다지요?

《한글새소식》 9월호에 역시 팔팔 살아 있는 학회의 맥박을 읽을 수 있었습니다. 정차하는 이들의 마음을 움직이는 노력이 한글을 더 풍성하고 힘 있게 하는 것 같지요. 유들이, 유름이, 그들 어머니 모든 가족들 위해 복이 있기를 빕니다.

2012년 9월 18일

변함없이 한글친구가 되어 주시길 빕니다

11월 《한글새소식》을 보내드립니다.

11월호는 당연히 지난 10월의 한글 행사 소개지요. 우선 표지부터 566돌 한글날의 경축식에서의 회장님의 훈민정음 서문 낭독의 모습과 그날 출연된 연극 〈뿌리깊은나무〉 출연자들의 화려한 차림이 높으신 어른들을 둘러 모시고 있어 기쁨이 울려 퍼지는 음악과 같았습니다. 서울 세종문화관의 경축식을 비롯하여 나라 방방곡곡에서 경축행사가 있었습니다.

울산에서는 올해 새로이 최현배 선생님 나신 118돌을 기념하여 "한글 도시를 물들이다"라는 주제로 6일간 이어지는 예술제가 있었는데 그 과정에서 "한글 비빔밥"의 행위 예술을 연출했다는 소식이 나와 있네요. 사진에 잘 나와 있는데 대표들이 큰 가마솥을 둘러싸고 긴 주걱으로 온갖 반찬을 얹은 솥밥을 함께 잘 비비며 비빔밥을 해내는 겁니다.

"잘 먹고 잘살 우리", "넉넉한 건강", 또 "함께 일하는 기쁨"…… 그런 복된 모습을 연상시키는 것으로 보입니다. 뜻도 좋고 그 잔치 밥으로도 멋지겠다 싶었습니다.

또 여주가 감격스럽습니다. 이곳은 세종대왕의 대왕릉을 모신 곳입니다. 대왕릉 정자각에서 566년 전에 대왕께서 손수하셨을 '훈민정음 반포식'을 재현했습니다. 궁중음악과 궁중무용을 식전 행사로 앞세워 행하고 주례자가 진행했습니다.

"나랏 말씀이 중국과 달라 한문으로는 어리석은 백성이 말하고져 하는 뜻을 충분히 표현하지 못하는 수가 많으니 딱하다. 내가 새 글자 스물여덟 개를 만들었으니 사람마다 쉽게 익힐만 하니 일상생활에 편히 쓰기 바란다."

어리석은 백성 한 사람까지도 그 생각하는 바를 펴게 하시려고 극진한 수고를 하시어 글자를 새로 만들기까지 한 임금님! 600년 후의 오늘도 자손만대까지도 울릴 대왕의 마음 소리의 재현입니다.

불행히 한때 우리가 나라를 빼앗겼던 일이 있었습니다. 침략자는 빼앗고, 빼앗고, 또 빼앗고 이름도 빼앗고 빼앗다가 끝내 한글이야말로 결정적으로 빼앗은 것을 보아 우리 한글 사랑하는 이들을 다 잡아 가두어 죽음으로 위협했습니다. 그러나 죽음의 위협도 그분들의 한글 사랑을 못 당해내고 드디어 일본의 패망 날이 왔습니다. 우리는 나라를 찾았고 일제는 물러갔습니다. 바로 1940년대의 일이니 그때 살아 보고 듣고 마음에 새겨 간직했습니다.

한자밖에 없어서 우리말이 의사소통의 용을 못하고 갇혀 있던 시절에 그 사랑, 그 지혜, 그 구원이 얼마나 큰 도움입니까! 얼마나 큰 구원입니까?

세종이 지으신 글자는 쉽고 아름답고 소리가 많고 그 규모가 잘 짜여진 과학적인 글자였습니다. 600년 전에 세종이 마련하신 한글의 과학성은 오늘의 발달된 과학과 잘 들어 맞아 오늘의 언어과학자나 공학자들에게 맞아 예언자적 감각으로까지 여겨지고 있습니다.

우리가 식민지 시대에는 겨우 먹고 살 정도였는데 해방 후 나라를 다시 챙기고 의무교육을 실시하고 한글이 있어, 온 국민이 글자를 깨치고 차차 한글전용의 길을 열었던 결과 겨우 70년 동안에 나라 안 모든 면이 차츰 정리되고 발달된 과학 문명을 얼른 익혀 IT 강국의 면모를 형성해 가고 있습니다. 경제적으로도 수준이 높아가고 활발히 교역이 이루어지고 있고 전에는 원조받던 나라였는데 이제는 오히려 원조해주는 나라가 되었습니다.

우리의 눈에 띄는 이 발전은 여러 가지로 노력한 결과이겠습니다. 이 시대에 있어 한글의 공은 특히 교육에 큰 영향을 주었고 그 결과 모든 수준이 오르고 있는 것으로 봅니다.

한글날을 특별히 사랑하고 중요시하는 이유는 크다고 생각합니다. 이 시대의 한글날에 우리는 우리 시대에 내려진 큰 국난을 자각하고 민족의 행복을 위해 노력할 것인데 그것은 남북한이 하나 되는 노력에 전력을 기울여야 할 것입니다. 남과 북은 한 조상의 후예이며 같은 말을 하고 같은 글을 쓰는 한겨레입니다. 갈라진 채로 후손에 물려 줄 수 없음을 명심해야 하고, 또 그 일은 반드시 이룰 수 있다고 봅니다.

작년 11월호와 함께 별지로 「겨레말 큰 사전 사업」이 남북합동으로 금강산에서 시작되었고, 2009년까지 24회의 모임을 가졌으며 이 사업을 정부가 2013년까지 지원하기로 되었음을 알려드렸습니다. 현재 남북한의 차가운 관계 그 분위기 때문에 중단되어 있으나 때가 차면 언젠가 모든 것을 회복하고 우리 모두 일어설 것을 믿습니다.

《한글새소식》으로 하여 저의 독자가 되어주신 님께 감사드립니다. 제게 사정이 있어 새해부터는 저의 새소식 보내기를 그치고자 합니다. 저의 사정이라 함은 제가 나이가 많아 사무 능력을 잘 견뎌내지 못하게 되어서입니다.

그간 제법 여러 해 동안 저의 원고를 다달이 30부씩, 소식지 30부를 무료로 보내주신 학회에 깊이 감사드리오며 저의 독자가 되어주신 님께 또한 감사드리옵니다. 앞으로 변함없이 한글의 친구가 되어 주시기 비옵니다.

2012년 11월 30일

사랑하는 마음이 즐겁습니다

권순채 씨

안녕하십니까? 벌써 12월 막바지 또 대선거 날이 내일도 박두해 있네요. 지난번에 일부러 저를 방문해 주시고 친히 쓰신 땅이름 기타 우리말 토박이들 생활을 살려 쓰신 책을 주시니 그 부지런하심과 친절하심을 무어라 말씀드려야 할지요! 재미있어 벌써 다 읽었는데 3권이나 주셔서 이것을 어디다 보내서 유용하게 읽혀야 되는데 권순채 님 부지런과 대조로 나의 게으름이 심각합니다. 생각해서 보람 있게 되도록 하겠습니다.

내일이 벌써 선거일입니다. 깊은 생각을 가지고 이 나라의 대통령이 뽑히기를 간절히 빕니다.

때는 마치 크리스마스 온 세계가 평화와 행복의 상징으로 고대해 마지않는 예수 그리스도의 강생! 사람을 사랑하는 그 극진한 품. 온 세상에 덮이기를 간절히 빕니다.

한글학회는 요즘 와서 활발한 활동을 보입니다. 권순채 씨의 시가 가끔 실리니 기쁩니다. 자연스럽고 착한, 그리고 사랑하는 마음이 즐겁습니다.

새해 더욱 건강하시고 복 많으시기를 모든 식구들 위해 기도합니다.

2012년 12월 18일

어느덧 새해맞이가 눈 앞에 와 있네요

권순채 씨!

오랜만입니다. 그간 편안하셨습니까? 세월이 어찌나 빠르던지 벌써 이 해도 다 가고 어느덧 새해맞이가 눈앞에 와 있네요. 농사일은 잘 되었는지요? 유들 엄마도 파랗게 젊었는데 많이 달라지지 않았을까 합니다. 아이들이 다 컸으니 쟁쟁한 일꾼노릇을 하겠지요.

요즘 우리들은 크리스마스 시절이어서 축제 분위기네요. 하늘과 땅은 여전하겠지만 경주의 모든 것이 많이 변했겠다 싶네요. 한 번 가서 옛정을 나누고 싶은 마음이나 나는 이미 90고개이니 여러 가지 행동이 둔합니다.

나라는 부자도 되고 발전도 크지만 시국이 편치 못함에 걱정입니다. 그러나 이때 정신차려 협동하여 큰일을 이루기를 기대합니다.

마음 통하는 권순채 씨와 집안 모두를 위하여 기도드리며 날을 축복합니다. 새해 복 많으시기를 빕니다.

2013년 12월 27일

▲군위 안나의 집 농장에서 정의순 수녀님과 함께(2001. 9. 23)

유름이 내외와 손자 승우가 안나의 집으로 정 수녀님을 찾아뵙다(2015. 3. 1)▲

수녀님과의 만남은 행복, 그 자체였습니다

내가 정의순(베드로) 수녀님은 만난 지도 30년이 넘었다. 강산이 세 번이나 변했으니 세월이 빠르기만 하다. 《한글새소식》 1978년 3월호(68호) 독자 투고란에 「한글」이란 내 시가 실렸고, 그해 《한글새소식》 8월호(73호)에 「토박이말과 정다운 말」이 실렸다. 뒤이어 1980년 2월호(90호)에는 나의 편지글 「한글은 '나라글자' 헌법에 못 박자」가 실렸다.

나의 30대 초반의 농사꾼이면서 한글운동가로 활동하던 때였다. 이 무렵 정의순 수녀님의 글도 《한글새소식》에 실린 것을 여러 번 보았다. 이 분이 향리의 근화여고 교장으로 재직하고 계신다는 것을 익히 알았으나 숫기 없는 나로서는 선불리 찾아 뵙기도 민망스러웠다.

그렇게 알고 있는 참에 근화여고에 다니는 누님의 둘째 생질녀가 1984년 10월 3일 개천절 공휴일이라 외갓집에 놀러 왔다. "너희 학교 교장 선생님이 어떤 분인가."하자 "우리 학교 교장 선생님이 정의순 수녀님"이라고 답하였다. 내가 다시 "《한글새소식》에 글을 쓰신 것을 여러 번 보았는데……."하고 부연하였다.

며칠 지난 뒤 내가 마침 경주 시내에서 볼일을 보고 짬이 나 공중전화로 교장선생님과 통성명을 하였다. 교장선생님의 예의 따스한 목소리로 "며칠 후에 학교로 한 번 오세요."하고 전화를 끊었다. 10월 말에 학교를 찾아 가자 수위실에서부터 여학교라 절차가 매우 까다로웠다.

드디어, 처음으로 정의순 수녀님을 뵈었다. 자그마한 키에 곱상한 수녀 교장 선생님은 시종일관 웃음을 띠고 계셨다. 교장실에서 따스한 커피를 나에게 권하면서 초면이지만 농사일과 가족, 한글에 대한 여러 가지 이야기를 나누었다. 특히 경주 지역에서 우리 한글에 대한 생각을 서로 주고 받은 일은 아주 특별한 일에 속한다. 그렇게 마음이 통하는, 피가 통하는 말씀을 오래 나누고 돌아왔다. 둥굴마을 집으로 오는 내내 내 마음 한 가운데 그 분의 따스한 목소리와 미소가 잔잔하게 여울치고 있었다.

가을걷이를 끝내고 학교로 교장 수녀님을 만나러 갔다. 수녀님께서 나에게 "순채 씨는 아직 젊고 하니 할일을 시켜야겠다"고 하시면서 "학생들에게 도움도 되고, 순채 씨에게도 공부가 되는 일로 식물 채집을 하면 좋겠다."고 부연하셨다. 나도 마침 농사일을 왠간히 끝낸 뒤라 좋다고 하였다. 수녀님은 오늘날 학생들은 식물도 잘 모르니 식물이름, 한약명, 표준말과 사투리, 채집장소, 날짜, 쓰이는 곳 등을 자세하게 쓰도록 부탁하였다.

나는 숙제로 받은 식물 채집을 50가지 해서 학교로 가져갔다. 수녀님께서는 식물 채집한 50가지를 하나하나 검사하였다. 식물이름을, 특히 표준말과 사투리는 경주지방과 나의 처가인 강릉지방에서 부르는 이름을 적었다. 또한, 채집 장소도 도, 시, 군, 읍, 면, 리는 물론 토박이 마을과 들, 산, 논, 밭이름까지 적으라고 하나하나 콕 집어가면서 검토를 하셨다.

또한 내가 《한글새소식》에 땅이름이 연재되는 것을 보고 우리 지방에도 골짜기, 들, 산 등 토박이 이름이 많다고 하였다. 그러자 수녀님은 "그럼 순채 씨 마을부터 조사해 보세요."라고 하셨다.

수녀님 말씀을 그냥 듣기에는 토박이 지명이 얼마 안 되는 줄 알았다. 그러나 막상 조사를 해보니 200여 개의 이름이 있었다. 그러니 자연 내가 발 딛고 있는 땅의 이름과 모습에 관심을 가지게 되었다. 그 밑바닥의 길라잡이는 정 수녀님의 지도가 절대적이었다. 1년 동안 식물 채집한 것이 30여 종이 되었다. 이것을 학교에서 전시회도 열었고, 다음 해에는 식물 채집을 한 것을 사진 찍는 작업도 함께 하였다.

1987년에는 수녀님께서 내남면 전체를 조사하자고 제안하셨다. 마침 내남면장과 학교 선생님 한 분이 성당에 다니는 교인이라고 하셨다. 수녀님과 선생님, 그리고 내가 면사무소에 가서 이장, 새마을 지도자 명단과 약도를 구했다. 이렇게 하여 본격적으로 내남면의 토박이 이름을 찾아나섰다.

토요일 오후와 일요일, 공휴일 날은 땅이름을 조사하였다. 어떤 날은 학교 차로, 어떤 날은 시내버스를 타고 가기도 하였다. 하루는 학교 소풍날이라 수녀님은 학생들에게 인사만 하고 나하고 땅이름을 조사하러 갔다. 스승의 날도 행사를 마치고 학교 차로 내남면에서 제일 오지 마을인 박달 4리 고사리마을로 갔다. 운전기사가 성당에서 아침 미사를 안 보았다면서 가야한다고 하였다. 해발 6~7백미터나 되는 고산지대 마을을 조사하고는 박달 3리 개발마을까지 와서 운전기사를 돌려보냈다.

나는 수녀님과 걸어오면서 박달 3리 개밭, 박달 2리 원박달

도진뱅이, 박달 1리 양삼마을을 조사하고나서 상신 1리 청각골, 양지마을 상신 2리 평지말과 구트란마을을 조사하고 있는데 어느새 해는 지고 날이 어두워지고 있었다. 막차가 올 시간이 다 되었는데하고 생각하고 있을 때 저만치 막차가 보였다. 수녀님과 나는 뛰어가서 막차를 탔다. 어두워진 밤에 용장 1리에서 내가 내렸고, 수녀님은 차를 타고 가셨다. 나는 그 어두운 밤에 맨발로 냇물을 건너서 집에 오니 밤 9시가 넘었다. 하루 수십리 길을 걸어 다니면서 땅이름을 조사하였다. 그 힘은 항상 수녀님과 함께 동행하였기에 힘든줄 모르고 열정적으로 조사하였다.

이렇게 해서 내남면을 다 조사하였다. 뒤이어 경주시 탑정동(사정동, 탑동, 율동, 배동) 18개동을 모두 조사하고, 경주시 선도동(서악, 효현, 충효, 광명)을 조사하다가 1988년 2월 수녀님께서 근화여고 교장을 끝으로 정년퇴임을 하셨다.

아, 꿈결같은 몇 년 간이 그렇게 지나갔다. 지금도 내 생에서 열심히 먹고사는 일 외에 그렇게 열정을 바친 일은 별로 없다는 생각에 잠긴다. 수녀님과 다니면서 조언을 구하고 발로 뛰면서 조사한 것이 1993년 『토박이 땅이름』이란 제목으로 대구의 그루출판사에서 출간되었다. 이 책이 나오기까지 정 수녀님의 간절한 기도와 물심양면으로 크나큰 빚을 지게 되었다.

수녀님께서 정년 퇴임을 하시고 대구 샬트르 성바오로 수녀원에 계신다는 소식을 들었다. 나는 시간이 허락되는대로 일년에 몇 차례 수녀님을 찾아뵙곤 하였다.

이렇듯 수녀님과의 인연의 끈은 평생 이어졌다.

수녀님은 퇴직하시고 나서 한글운동에 매진하셨다. 땅이름과 한글과 관계되는 책도 간간이 보내주셨다. 한글학회 대구집회 연구발표회도 주선해 주셨다. 1988년 6월, 대구교육대학교에서 내남지역 토박이 땅이름에 대해 내가 발표할 수 있도록 주선해 주셨다. 발표날 수녀님을 찾아뵈었더니 수녀님은 종이를 꺼내어 내가 살고 있는 마을 약도를 그리고, 오늘 저녁 대구교육대에서 발표할 내용이라며 적어 주셨다. 저녁 7시에 대구교육대학으로 가니 강의실이 꽉 차 있었다. 한글학회 대구지회 회원들었다. 그런데 강의를 무려 2시간 반이나 한 것이었다. 강의를 마치고 밤 11시 10분 경주행 막차를 타고 왔다.

또한, 수녀님의 주선으로 한글학회 허종진 연구원으로부터 1989년 4월 29일 한국땅이름학회 제8회 연구 발표회에서도 발표하였다. 이렇듯 연구 발표회 때마다 수녀님께서 소개해주시고 온전하게 경청도 해주셨다. 참으로 고맙고도 고마운 일이 아닐 수 없다.

2005년 무렵에는 수녀님께서 매달 집으로 《한글새소식》을 보내 주시면서 거기에 꼭 편지를 써주셨다. 그러던 어느 날 군위군 부계면에 있는 안나의 집으로 가 계신다기에 찾아 뵙게 되었다. 둘째 아들 유름이와 함께 북대구정류장에서 안동 가는 버스를 타고 군위 효령에 내려서 택시를 대절해서 찾아 뵈었다. 그럴 때마다 동기간 이상으로 살갑게 맞아주셨다.

세월은 어느덧 흘러 2013년도에는 유름이 차를 타고 찾아뵙고, 2015년도에도 찾아뵈었는데 올 2월에 전화를 하니 안 받으셨다. 나는 가슴이 덜컥 내려앉았다. 다시 전화로 물었더니 완주의 성바오로 복지병원에 입원해 계신다고 하였다.

2016년 3월 27일, 나는 유름이와 며느리, 손자를 앞세우고 병상의 수녀님을 뵈오러 갔다. 완주 소양면에 있는 성바오르 복지병원이었다. 책도 전해 드리고 1층 손자랑식당에서 점심도 하고 수녀님과 함께 가족 사진도 찍었다. 집에 오기 전에 전주로 가서 전주 한옥마을 구경하고 왔다.

7월 초쯤 되어 전화해보니 칠곡에 계신다기에 찾아뵙고 내려왔다. 수녀님과의 인연도 인연이지만 수녀님으로부터 받은 편지를 30여 년간 모아둔 것을 5부에 싣는다.

무슨 특별한 일이 있을 때마다 수녀님은 단정한 글씨로 편지를 보내 주셨다. 특히 성탄절이나 연말연시에는 우리 온 식구에게 편지를 일일이 다 적어 보내셨다. 편지는 간절한 기도로 시작하여 늘 염려하고 걱정해주시는 기도문에 다름아니었다. 우리 식구들은 수녀님의 편지를 읽으면서 감동과 감격의 눈물을 흘리곤 하였다. 수녀님의 간절한 기도의 힘으로 우리 식구들은 오늘날까지 무사하게 잘 살고 있으며, 각박한 세상을 살아가는 힘이 되었다.

나는 이승에 와서 정의순(베드로) 수녀님을 만난 것이 행복, 그 자체임을 비로소 고백한다.

나의 친구 권순채 씨

박진형(대구시인협회장)

나는 권순채 씨와 중학교 동기이다. 1967년 모진 겨울바람이 귓전을 때리는 북천 건너 알천 냇가에 터잡은 신라중학교, 신라적 6부 촌장들이 알천 냇가에 모여 화백회의를 열고 박혁거세를 신라 초대임금으로 추대했다는 그 알천에 자리잡은 학교였다. 세계 어느 나라 역사에도 임금을 그렇게 뽑았다는 기록을 본적이 없다. 2천년 전 신라는 최초의 민주국가였다.

나는 연로한 아버지의 손에 이끌리어 신라중학교에 입학하였다. 당시는 입학시험을 치렀다. 신라중학교는 공립이어서 사립인 경주중학교 보다는 학비가 좀 싸다는 이유에서였다.

권순채와 나는 1학년 5반 한 반이었다. 지리 역사를 가르치던 이용범 선생이 담임이셨다. 포마드 바른 머리를 올백으로 빗겨 넘기고, 흰 와이셔츠에 넥타이 한 가닥을 뒤로 넘겨 다니는 멋쟁이셨다. 나중에 알았지만 《현대문학》에 수필을 발표한 낭만주의자였다. 방학 때는 경북 달성군 연경리(현재 대구광역시 북구 연경동) 선생님 댁으로 편지를 보냈던 기억이 난다. 장성한 뒤 권순채와 둘이서 몇 차례 선생을 모시고 식사를 대접한 적이 있는데 몇 년 전 그 멋쟁이 은사님도 이승을 떠나셨다.

권순채와 나는 중학교 3년간을 기차 통학을 하였다. 나는 줄기차게 시집과 문학류의 책만 읽다가 졸업하였다.

나는 중학교를 졸업하고 곧바로 대구로 올라왔다. 중학교 2학년 때부터 시에 바람이 들어 시인이 되는 것이 나의 유일한 꿈이었다. 대구로 온 뒤 오랫동안 그와 헤어졌다. 30대 말쯤 그의 소식을 동기회 풍문으로 듣곤 하였다. 그는 친구들 사이에도 매우 특이한 인물이 기억되었다. 권순채는 고향에서 농사를 지으며 자기가 태어난 내남지역의 토박이 땅이름을 찾아다니는 향토사학자로 여러 차례 매스컴에 오르내렸다.

나는 시인이 되는데 20년 남짓 걸렸다. 신춘문예만 줄기차게 고집하다가 매일신문 신춘문예로 등단하였다. 그리고 문단 말석에서 시인으로 살아남으려고 고군분투하였다. 쉰이 넘어서야 나는 그와 자주 만났다. 그는 여전히 고향을 지키는 등굽은 소나무였다. 토박이 땅이름을 찾으러 다니고, 신라문화동호인들과 향토사학자로 왕성한 활동을 펼치며 경주지킴이로 살아가고 있다.

그는 세련되지 못하지만 진실한 사람이다. 도대체 꾸미거나 폼잡을 줄 모른다. 그는 솔직 담백하다. 그를 만나면 누구나 금방 무장 해제된다. 마음이 풀어지고 어떤 경계심도 금세 허물어진다. 이 약삭빠른 세상에 그는 어리숙하게 산다. 농사를 지으면서 곤궁하게 살지만 마음부자다. 남의 일에 자기 일처럼 헌신적이다. 그가 빼어난 글쟁이나 문사는 아닐지라도 그가 이룬 텍스트는 직접 현장을 발로 뛰면서 이룬 것이어서 경이롭다. 대체 책상물림들은 머리로만, 책 속에서만 말할 때 그는 발로 뛰면서 경험담을 들려준다. 제 속에 남이 가지 않는 길을 가는 자부심이 가득하다.

나는 대구의 한 모퉁이에서 시인으로, 출판인으로 40년 가까이 살아 가고 있다. 이번 책을 기획하면서 정 수녀님과의 편지글로 다시 만났다. 나는 권순채 씨와 두어 차례 수녀님을 찾아갔던 기억이 새롭다. 수녀님은 팔순의 연세에도 소녀 같은 수줍음을 지니고 해맑으셨다. 따스한 미소와 나직나직한 음성이 새삼 그립다. 나는 이 문집을 엮으면서 그의 인생 멘토는 정 수녀님임을 알았다. 내남지역의 땅이름을 찾아 함께 다녔던 이야기가 나온다. 참으로 유별난 수녀와 농부다. 향토사학자인 농부로, 종교인인 수녀로 우리 한글사랑에 앞장 섰다는 것에 경의를 표한다.

남을 위해 기도한다는 것은 실로 어렵고 힘든다. 수녀님은 권순채 씨보다 30살 연상이시다. 큰고모, 혹은 이모뻘이다. 그러나 나이가 무슨 상관이랴. 이렇듯 한 사람을 위해, 한 가족을 위해 30년 넘게 전폭적으로 올리는 기도는 숭고하다. 수녀님이 권순채 씨에게 보낸 2010년 12월 편지를 읽어보자.

> 권순채 님
>
> 성탄의 기쁨을 알립니다. 평화와 사랑으로 우리에게 오시니 함께 기뻐합시다. 모두 편안하십니까? 권순채 씨께서 이 해에는 특히 좋은 글을 많이 써주셔서 축하드립니다. 더 많이 쓰시라 청하는 뜻으로 노트 한 권 드리니 더 많이 쓰시고 한글과 나라를 빛내 주세요. 유들 어머니 수고 많으셨지요? 녹차향을 드립니다. 유들이와 유름이도 고운 마음의 표시로 고운 색깔 펜을 선사해요. 오래 못 보아 보고싶은 마음을 보냅니다. 2011년 더욱 건강하시고 복 많으시라 빕니다.

우직하게 한 우물을 파는 사람이 무언가를 남긴다. 나의 친구 권순채 씨의 지금껏 해온 작업과 앞으로 해나갈 작업에 박수를 보낸다.

그의 인생이 더욱 넓고 깊으며 융숭해지기를 빈다.

농부와 수녀의 유별난 한글사랑

초판 인쇄 2016년 10월 5일
초판 발행 2016년 10월 9일

지은이 / 권 순 채
펴낸이 / 박 진 환

펴낸 곳 / 만인사
출판등록 / 1996년 4월 20일 제03-01-306호
주소 / 41960 대구광역시 중구 명륜로 116
전화 / (053)422-0550
팩스 / (053)426-9543
전자우편 / maninsa@hanmail.net
홈페이지 / www.maninsa.co.kr

ISBN 978-89-6349-094-6 03810

값 13,000원

* 이 도서의 국립중앙도서관 출판시도서목록(CIP)은 서지정보유통지원시스템 홈페이지(http://seoji.nl.go.kr)와 국가자료공동목록시스템(http://www.nl.go.kr/kolisnet)에서 이용하실 수 있습니다(CIP제어번호 : CIP2016023060).